Jacqueline Chabrand

Hypnose et Psychose

I0127226

Jacqueline Chabrand

Hypnose et Psychose

Éditions Vie

Impressum / Mentions légales
Bibliografische Information der Deutschen Nationalbibliothek: Die Deutsche Nationalbibliothek verzeichnet diese Publikation in der Deutschen Nationalbibliografie; detaillierte bibliografische Daten sind im Internet über http://dnb.d-nb.de abrufbar.
Alle in diesem Buch genannten Marken und Produktnamen unterliegen warenzeichen-, marken- oder patentrechtlichem Schutz bzw. sind Warenzeichen oder eingetragene Warenzeichen der jeweiligen Inhaber. Die Wiedergabe von Marken, Produktnamen, Gebrauchsnamen, Handelsnamen, Warenbezeichnungen u.s.w. in diesem Werk berechtigt auch ohne besondere Kennzeichnung nicht zu der Annahme, dass solche Namen im Sinne der Warenzeichen- und Markenschutzgesetzgebung als frei zu betrachten wären und daher von jedermann benutzt werden dürften.

Information bibliographique publiée par la Deutsche Nationalbibliothek: La Deutsche Nationalbibliothek inscrit cette publication à la Deutsche Nationalbibliografie; des données bibliographiques détaillées sont disponibles sur internet à l'adresse http://dnb.d-nb.de.
Toutes marques et noms de produits mentionnés dans ce livre demeurent sous la protection des marques, des marques déposées et des brevets, et sont des marques ou des marques déposées de leurs détenteurs respectifs. L'utilisation des marques, noms de produits, noms communs, noms commerciaux, descriptions de produits, etc, même sans qu'ils soient mentionnés de façon particulière dans ce livre ne signifie en aucune façon que ces noms peuvent être utilisés sans restriction à l'égard de la législation pour la protection des marques et des marques déposées et pourraient donc être utilisés par quiconque.

Coverbild / Photo de couverture: www.ingimage.com

Verlag / Editeur:
Éditions universitaires européennes
ist ein Imprint der / est une marque déposée de
OmniScriptum GmbH & Co. KG
Heinrich-Böcking-Str. 6-8, 66121 Saarbrücken, Deutschland / Allemagne
Email: info@editions-ue.com

Herstellung: siehe letzte Seite /
Impression: voir la dernière page
ISBN: 978-3-639-62476-2

HYPNOSE

&

PSYCHOSE

Jacqueline CHABRAND

psychologue clinicienne

INTRODUCTION

Le titre est vaste, mes prétentions, plus modestes …

Mon objectif est de cerner les corrélations de ces deux univers, celui de l'hypnose et celui du monde de la psychose. Comment peuvent-ils se rencontrer ? De quelle façon ?

Je vais tenter de le comprendre , de l'illustrer dans un premier temps , par une démarche neurophysiologique , qui , utilisant les techniques d'imagerie cérébrale fonctionnelle (IRMf , PET scan , SPECT –[1]) tente de comprendre comment fonctionne le cerveau sous hypnose ou, au moins, de repérer les aires cérébrales principalement stimulées ce qui fournit les données objectives à partir desquelles des hypothèses peuvent être émises et des théories élaborées .

D'autre part, que peut-on observer – en utilisant là encore les très récentes techniques d'imagerie cérébrale – par rapport au fonctionnement cérébral de patients schizophrènes ?

Y–a-t'il des aires cérébrales hyperactives, hypoactives, souffrantes ? Tout en gardant à l'esprit que ces « aires » topographiquement repérées, ne sont que des relais dans des circuits fonctionnels, comme une centrale téléphonique dans un réseau de téléphone, ce qui complique considérablement le problème et donne une tonalité spéculative aux théories élaborées, au moins pour le moment.

---

[1] Voir page 11 pour ces définitions .

Rassurons–nous en constatant que la valeur heuristique d'une théorie n'est pas toujours fonction de sa coïncidence avec la « réalité », et poursuivons, car de toutes façons, nous avons besoin de théories pour pouvoir travailler.

Est ce que le cerveau d'un sujet schizophrène – ainsi en si grande souffrance – pourrait, sous hypnose être ainsi stimulé, et peut – être soulagé ?

Il m'est apparu opportun, à ce niveau, d'introduire toutes les données que les neurosciences nous apportent aujourd'hui, dans le domaine de la plasticité neuronale et synaptique, qui « sculpte le cerveau de chacun d'entre nous », comme nous l'explique Marc Jeannerod ….

Dans un deuxième temps, j'apporterai mes résumés théoriques des lectures de certains de nos maîtres, qui ont su faire (osé faire) cette démarche : entreprendre une hypnothérapie avec un patient psychotique .J'ai choisi de lire Milton Erickson , Maggie Phillips , et Theresa Robles qui m'ont ainsi aidée et encouragée à persévérer. Chacun possède une démarche thérapeutique personnelle, particulière ; et j'aime me nourrir des différences, pour ainsi trouver une voie où je suis bien.

Ensuite, je tenterai de vous présenter le cas de Chloé, qui est une jeune femme de 29 ans, que j'ai accompagnée pendant deux ans, Chloé souffrait d'une psychose hallucinatoire chronique, très invalidante. Elle est venue un jour pour que je l'aide à gérer son excédent pondéral, puis a choisi, finalement, - en cours de séance – de tenter de ne plus entendre toutes ces voix …

CHAPITRE I

ASPECTS THEORIQUES NEUROPHYSIOLOGIQUES

A - EN HYPNOSE

Nombre de nos maîtres, depuis plus d'un siècle, ont défini l'état hypnotique. Je n'aurais donc pas la prétention d'écrire ici ma propre définition. J'en citerais simplement quelques unes qui me font écho.

Ainsi, pour François Roustang, en hypnose, nous sommes dans « un lieu qui pense, et, en ce lieu, on reçoit tous nos liens, toutes nos connexions,... penser est agir,...la transe est à l'origine de l'action , nous sommes mobilisés, ... la transe est une multitude de connexions, de passages, de champs des possibles et des réels,... c'est le lieu de la pensée, où tout s'échange et se réduit à l'unité ,... en hypnose , les nœuds se défont d'eux mêmes .

L'hypnose supprime la distance entre :

- la pensée et l'action
- Imaginer et faire
- l'agent et l'opération

Ainsi « l'imaginer » devient « le faire » dans la transe (*les mêmes aires cérébrales étant activées , dans les deux cas*) .Il suffit de « demeurer au seuil de l'autre », simplement dans la disponibilité.

M. Erickson énonça un jour, être « satisfait par l'idée que l'état d'hypnose était essentiellement un état de concentration mentale, durant lequel les facultés de l'esprit du patient étaient tellement accaparées par une seule idée, ou par un train de pensées, que, pour le moment , il devenait mort ou indifférent à toute autre considération ou influence ».

Il m'apparaît opportun de décrire dès à présent, les différentes phases d'une démarche hypnotique, dans une séance, telle que je la vis, telle que je la conçois. Plus que la définition, la description de ces différentes phases, de ces différents paliers, nous permettra de mieux cerner cette science.

On pourrait dire que l'hypnose se déroule sur le rythme d'une valse à trois temps :

1. la synchronisation (capter l'attention)

2. la conduite (distraire l'attention)

3. et la ratification (valider le changement)

L'hypnothérapeute a pour but de construire, pas à pas, un cadre propice à l'épanouissement de la transe, la transe, cet espace-temps disponible et ouvert sur toutes les possibilités.

Au V°siècle, ce terme (du latin « transire «) avait pour sens : « passer de vie à trépas », c'est à dire « le grand voyage » ; au fil des siècles, le sens s'est doucement inversé pour devenir de plus en plus « vivant » : c'est ce que j'aime à penser ! L'hypnose crée des complémentarités et associe des contraires ; ainsi, on est dissocié et associé à la fois.

Face au patient - dans une première séance – il est toujours bon de rassurer , en expliquant ce terme de transe , qui est une capacité naturelle , puisque notre quotidien est fait de mini-transes ; établir aussi la relation hypnotique , qui est un espace thérapeutique , fait de respect , de confiance , d'empathie ; c'est dans ce cadre , que le « lâcher prise » du sujet pourra s'opérer , un « lâcher prise » profond et dirigé grâce à la voix de l'hypnothérapeute .

Ce climat de coopération installé sert de prémices à *l'induction* qui est une facilitation pour créer chez le patient cet état de disponibilité attentive, susceptible d'accepter tout phénomène de transe .Différentes techniques sont offertes (tout en restant en synchronisation avec le sujet, en miroir, en reprenant ses gestes, ses paroles) ; on peut proposer une fixation de l'attention sur un point, un objet, raconter des histoires « personnelles » et analogiques , converser de façon confuse ....

A ce stade, on peut induire chez le sujet un phénomène hypnotique, en rapport avec sa problématique (par exemple, des changements perceptifs, des hallucinations positives, ou une catalepsie, pour une douleur interne physique).

L'attention est attirée hors du corps, et se focalise ailleurs; on peut également induire un *approfondissement* de la transe (si on le juge nécessaire) pour créer un espace interne plus propice aux suggestions.

Le travail thérapeutique nous offre un choix de *suggestions,* directes, indirectes, ouvertes.

M. Erickson aimait les suggestions indirectes car, disait – il, « c'est le patient qui sait ; les suggestions indirectes faites pendant la transe, fonctionnent comme des clefs, qui sont envoyées tour à tour pour activer les processus associatifs à l'intérieur des serrures que sont les cadres de référence des patients » .

Les suggestions dépassent ce cadre pour avoir accès aux ressources du sujet ; elles créent ainsi de nouvelles associations avec nos expériences

Les suggestions post-hypnotiques vont permettre au sujet de mettre en œuvre l'objectif thérapeutique, (une injonction d'amnésie peut ainsi désigner l'inconscient comme maître d'œuvre de la réalisation de ces objectif. Et « il est bon de se rappeler

6

d'oublier de se rappeler «Il est important aussi de proposer au sujet la mémorisation de tous ces nouveaux apprentissage, de garder ce qu'il veut garder , d'oublier , de laisser ce qu'il désire oublier..

La sortie de la transe se fera en douceur, pour laisser au sujet le temps de retrouver ses repères corporels, cognitifs, sensitifs …et se resituer dans l' espace de soins où il se trouve .Il est bon de modifier l'intonation de sa voix ; le ton peut être moins grave , les paroles plus rapides .

L'hypnose est « un état amplifié de conscience » ; nous allons justement nous pencher sur ces différentes « modifications », qui vont nous permettre de cerner l'état hypnotique, dans un premier temps, en observant attentivement notre patient, puis, plus profondément, dans une approche neuro-physiologique .

Nous pouvons déjà observer avec intérêt les phénomènes de transe (subjectifs et objectifs), qui surviennent lors d'une séance d'hypnose.

On observe ces réactions physiologiques qui sont présentes pour tout un chacun et qui représentent autant de modifications fonctionnelles orientées vers cet état de détente, de ralentissement, de « lâcher prise ».

Sur le plan des indicateurs de transe *objectifs*, on peut noter la modification du tonus musculaire, l'immobilité corporelle, le changement du rythme respiratoire, cardiaque, le ralentissement du pouls, l'augmentation du temps de latence dans les réponses, la réduction des mouvements qui tendent à la réorientation corporelle (cf J. Zeig 1984) le changement dans le ton, le rythme, le volume et la voix du sujet, le retardement ou la perte des réflexes de fermeture des yeux, un changement aussi dans la déglutition .

Sur le plan du vécu *subjectif*, il se produit une idéation autonome, objective, impersonnelle, comme involontaire : le sujet devient spectateur de sa propre pensée durant cette expérience. Le sujet ressent également une impression « d'être loin de tout cela », distancié et ralenti, on a le temps , on est dans le confort , la détente

….Nous allons aussi observer des modifications dans les fonctions mnémoniques ; le temps, l'espace n'auront pas les mêmes dimensions ; les perceptions vont aussi se modifier au fil des suggestions ….Le corps est ainsi intimement prêt à vivre toutes ces expériences hypnotiques .

En hypnose éricksonienne, notre but thérapeutique est de faire du « sur mesure », d'ajuster nos inductions et nos suggestions hypnotiques aux besoins de ce patient qui est devant nous, avec ses valeurs et sa personnalité ; ainsi, les différents phénomènes hypnotiques deviennent des outils précieux que l'on peut noter en observant attentivement le sujet .Utiliser ensuite dans nos suggestions le phénomène hypnotique tout à fait adapté au patient, nous permettra, je pense, d'optimiser la transe, car nous savons que nous sommes vraiment dans son monde …

Il est aussi intéressant, parfois, (dans une visée « positiviste ») d'utiliser le phénomène contraire de celui qui a fait naître le problème. Ainsi, face à une douleur - une hyperesthésie - choisir l'anesthésie, face à une régression dépressive vers le passé, choisir une projection dans un futur positif ….Observer ainsi notre patient, en le scrutant physiquement, en l'écoutant, en le devinant même, est notre tâche quotidienne.

Mais, apprendre, découvrir les résultantes de nos suggestions hypnotiques sur le cerveau humain, est une toute autre aventure que quelques chercheurs ont entreprise récemment dans le domaine des neurosciences, et, aujourd'hui des progrès énormes font que nous pouvons quasiment suivre sur un écran , les effets , les trajets , de nos suggestions sur un cerveau humain .

Comprendre comment certaines régions du cerveau communiquent entre elles lorsque le sujet est sous hypnose, en faisant notamment appel à des régions liées à la représentation de soi et à l'imagination ….

Dans le domaine que nous traitons actuellement, il m'apparaît notamment important de mettre en évidence, en exergue, *les spécificités* des effets de l'hypnose sur un cerveau humain (disons , « normalement névrosé » !) .

L'HYPNOSE sur le plan neurophysiologique

Depuis une dizaine d'années plusieurs chercheurs (dont les équipes de P. Rainville à l'université de Montréal, M.E Faymonville au centre hospitalier universitaire de Liège, P. Vuilleumier et Yann Cojan à l'université de Genève) ont fait avancer ces études de façon spectaculaire, grâce à l'imagerie cérébrale, au TEP, ou à l'imagerie par résonance magnétique fonctionnelle .

P. Rainville a ainsi démontré que les changements subjectifs liés à l'hypnose sont accompagnés de modifications de l'activité neuronale.

« L'état hypnotique correspond bien à un état cérébral particulier, et c'est bien cela qui nous importe le plus … » (M.E Faymonville)

Pour D. Baril (université de Montréal), le modèle de l'activité cérébrale pendant l'hypnose apparaît « comme un amalgame de plusieurs circuits cognitifs liés à des états de conscience différents et sans qu'aucun de ces circuits ne soit spécifique à l'hypnose, mais ce qui est peut-être propre à l'hypnose, c'est la combinaison particulière de facteurs neuronaux, actifs dans la régulation de la conscience …. »

J'ai eu l'opportunité d'étudier attentivement deux études très récentes : celle de M.E Faymonville (compte-rendu d'août 2009), et celle de Yann Cojan (compte-rendu de juin 2009) .

M.E Faymonville a tenté de comprendre les mécanismes cérébraux de la douleur ; Y. Cojan a travaillé sur la modulation de réseaux corticaux inhibiteurs et de contrôle, au cours d'une paralysie hypnotique.

Ce qu'il est très intéressant de noter d'emblée, c'est leur corrélation dans leurs conclusions, lesquelles corrobore P. Rainville , dans ses écrits de janvier 2009 (sur « les premières images du cerveau sous hypnose ») .

Malgré les tâches différentes exécutées par leurs sujets, les aires cérébrales activées sont identiques.

Trois zones sont définies de manière précise :

- les régions du précuneus (proches de la jonction temporo-pariétale) : associées à l'imagerie mentale et aux représentations personnelles.

« L'activité du précunéus s'interpose entre imagerie et conscience » (Y. Cojan)

- le cortex cingulaire antérieur (aire 24 de Brodman) qui a un rôle très important. « Il régule les interactions entre cognitions, perceptions, et émotions - pour que l'individu puisse mieux gérer sa douleur » (M.E Faymonville). Cette aire cérébrale gère également l'attention et le contrôle du mouvement. Elle fait partie du système limbique, en lien donc avec les émotions et la mémoire (ce que l'on a appelé « cerveau viscéral, qui gère la vie neuro-végétative).

- le cortex prémoteur (aire 6) qu'il est également très important de noter pour son activation.

En effet, les données cognitives suggèrent que, sous état hypnotique, les systèmes gérant l'attention pourraient être amenés vers une inhibition sélective ou une déconnexion de certaines opérations mentales. En fait, il n'en est rien : l'intention motrice est toujours préservée .

« L'hypnose pourrait aider des processus auto-régulés, de façon à autoriser des représentations internes (générées par les suggestions) à guider le comportement , mais elle n'agit pas par le biais de l'inhibition motrice » (Y. Cojan) .

On observe que dans les aires motrices concernant le contrôle et l'attention (par rapport à des activités réalisées sous hypnose), la connectivité fonctionnelle du cortex moteur primaire et des aires prémotrices est en baisse, cependant que la connectivité avec les régions du précunéus était en hausse. Ainsi, il n'y a pas réellement d'inhibition motrice .

Y. Cojan distingue deux concepts :

--- *l'intentionnalité* : expérience subjective, volontaire d'un acte moteur et

--- *la volition* : qui est dépendante de nos mécanismes cérébraux . Il pense , en effet , que le geste hypnotique va s'opérer à ce niveau là , entre intention et volition .

Des recherches sont en cours de réalisation par rapport à ce substrat neurologique , sous – tendant des modifications du contrôle de l'exécution , c'est à dire , par exemple , les rapports subjectifs de l'intention de bouger et le mouvement effectif …

Y. Cojan affirme que les données scientifiques contemporaines estiment que les effets de l'hypnose pourraient refléter l'action de processus spécifiques qui font intervenir le contrôle de l'attention et de la motricité.

Il est passionnant de réaliser -comme nous le fait entrevoir M.E Faymonville- que, grâce à toutes ces nouvelles techniques d'exploration cérébrale, l'hypnose (en plus d'une méthode thérapeutique), devient aussi « un outil de recherche pour préciser les mécanismes de la nociception et explorer les états modifiés de conscience ».

B - POUR LES PSYCHOSES

La psychose - le monde de la folie - est un univers fascinant, captivant.

E. Bleuler en 1911 pose en parallèle psychose et schizophrénie ; (c'est alors un concept, bien plus psychopathologique que clinique ; il y inclut aussi la paranoïa, dans une perspective uniciste). Cette synonymie était alors une tendance à la mode en France, du fait de la catégorisation lacanienne, qui découpe l'humanité entre névrosés (c'est nous), pervers et psychotiques.

Nous n'entrerons pas dans le débat, sinon sur un point de nosologie, qui nous sera utile plus loin : une entité strictement hexagonale :« la psychose hallucinatoire chronique » ; elle correspond effectivement à un tableau bien caractérisé, mais peut incontestablement être considérée (et réduite) à une forme clinique particulièrement « réussie » de schizophrénie, dans sa forme paranoïde, c'est-à-dire très délirante.

Voyons maintenant en quoi consiste ce « succès », ce qui va nous amener à indiquer très schématiquement ce qu'est la psychopathologie Bleulerienne de la schizophrénie.

- Le trouble fondamental serait un « trouble des associations mentales ». Ce trouble aboutirait à une « dissociation »qui s'exprimerait dans tous les domaines de la vie mentale .Par une absence de cohérence entre, par exemple, les traits du visage exprimant à la fois haine et amour et bien sûr un comportement et un discours incohérents.

En fait, c'est tout le « moi » qui a perdu son unité ; le sujet ne se perçoit plus comme l'auteur de ses actes ni même de ses pensées d'où les hallucinations auditives, verbales, qui constituent un symptôme essentiel du tableau. Ce n'est pas un « clivage », comme on le dit parfois, mais un « éclatement » .

A. Tatossian nous donne une description – poétique – d'un sujet schizophréne, catatonique :

« …. Un patient, se tenant non plus dans son monde, mais à côté de son monde, figure détachée de son fond, comparable à un danseur qui aurait toujours fini de danser, à une marionnette dont les cordes seraient en partie trop lâches et en partie trop tendues…»

- Comme dans beaucoup de maladies, l'organisme (qui comprend évidemment le cerveau !) essaie de réagir, de limiter les dégâts.ici, il construit des barrières protectrices contre le monde relationnel, perçu comme hostile du fait de la perméabilité générée par l'éclatement.

La dissociation est bien sûr pour le patient, le passage -hélas plus ou moins long- le plus douloureux ; il se retrouve dans une grande incohérence, sa personnalité fragmentée, un sentiment insupportable de vide « Je ne suis plus sûr d'être moi – même, aussi bien la pensée, qu'une partie de mon corps …. »

« …Oui, j'ai un problème : j'ai une jambe qui se dévisse… »[23]

 Ces aveux montrent toujours une grande angoisse, par rapport à ce corps, qui devient toujours un inconnu, une gêne.

Il est frappant de voir des descriptions analogues dans un cas purement neurologique, décrit par O. Sachs (dans « the man who fell out of bed ») : " …..Ils m'ont mis cette jambe (montrant sa jambe droite) dans mon lit. C'est ignoble, donc je descends de ce lit ….. ». Le corps devient un étranger.

Puis, à l'intérieur de ses barrières qui le coupent du dehors et l'enferment en lui même le schizophrène se crée un nouveau monde, qui rend compte de sa néo-subjectivité et qui n'a plus besoin de correspondre à la réalité : c'est *le délire.* Plus le patient est délirant, moins il va être dissocié !

---

[2]

[3] Souvenirs de phrases notées , lors d'entretiens dans les hôpitaux psychiatriques

L'aspect le plus évident de la folie ne serait donc en fait qu'une sorte de *cicatrice*. Il recrée une cohérence plus ou moins aléatoire, par rapport à la réalité ; c'est rassurant. Bleuler affirmait que « le délire n'est pas ce que l'on pense, c 'est à dire des inepties, le contraire de la réalité … ». C'est une tentative de reconstruction, soit du monde extérieur, soit du monde intérieur.

Ainsi, un monsieur qui me disait un jour : « Moi, je suis roboté car je suis envahi par une armée de petites femmes,… il y a une cheftaine qui régente tout, puis des tas de toutes petites femmes qui font que je peux respirer, me servir de tous mes muscles …». Le délire lui permettait, en quelque sorte, tout en n'étant pas vraiment « propriétaire » de son corps, d'être rassuré quant à son fonctionnement.

La dissociation s'observe donc à plusieurs niveaux, pour le sujet schizophrène :

- à l'intérieur même de son psychisme : il ne peut plus opérer de synthèse identitaire ;   c'est comme si chaque partie de son moi travaillait pour son propre compte, et dans des directions complètement différentes, mais souvent, chacune paraît avoir sa propre logique .

- Il y a aussi dissociation avec les autres, le monde extérieur, souvent vécu comme nuisible, dangereux, effrayant (avec souvent des sentiments de dépossession de soi, d'effraction par autrui, de vol de la pensée …) ; d'où ce repli sur lui même ; si il y a des passages à l'acte, ils sont toujours suivis d'une grande culpabilité, parfois d'auto-mutilation , suicides ,….

- Puis enfin, comme nous l'avons énoncé précédemment, la dissociation s'établit - malheureusement – son corps , qui devient un lieu , un espace étrange , étranger , que le sujet ne sait plus comment investir et comment réassocier , réapproprier. C'est ainsi que ce corps devient souvent le centre de son délire …

Il nous a semblé nécessaire de rappeler ces quelques notions classiques sur la schizophrénie, pour que les données neurophysiologiques , qui sont en train d'émerger , y trouvent une place .

LA PSYCHOSE sur le plan neurophysiologique

Ces donnés neurophysiologiques sont fournies par l'imagerie médicale et les « potentiels évoqués » [4].

Pour l'imagerie , on dispose , depuis les années 80 , de la tomographie à positons (TEP) , de la tomoscintigraphie (SPECT)[5], de la spectroscopie par résonnance magnétique nucléaire fonctionnelle (SRMNF) et de la magnéto encéphalographie (MEG) .

Ces explorations fournissent plusieurs types d'information :

A) anatomiques (anomalies de volume d'un lobe , par exemple)

B) cartographie de l'activité , au cours d'activités mentales

C) abord de certains systèmes de neurotransmission , en particulier par les psychotropes

- A) Anatomiques : le scanner classique montre un élargissement ventriculaire chez 25% des schizophrènes, et une hypotrophie du complexe amydalo hippocampique et du gyrus temporal ;

on a aussi observé une symétrie anormale des deux hémisphères .

Ces anomalies, non évolutives, semblent précéder les troubles .

---

[4] Potentiel électrique recueilli au niveau du corps d'un neurone , dont l'axone a été l'objet d'une excitation . En pratique les électrodes sont situées sur le scalp , par exemple , au cours d'une intervention chirurgicale , chez l'homme .
[5] SPECT : single photon emission computerised tomography

- B) Fonctionnelles : *une hypofrontalité* est démontrée depuis les années 70 , en général par SPECT , sans rapport avec le traitement neuroleptique ;(en particulier , le cortex préfontal dorso latéral, c'est à dire , un cortex associatif .

- Cette hypofrontalité apparaît significative, à la passation du test de « wisconsin card » (considéré comme spécifique du syndrome frontal)

Ce constat démontre l'intérêt de réaliser ces explorations en les couplant à une activité définie et codifiée , ce qui en augmente beaucoup la signification autrement douteuse du fait de la faible résolution spatiale de l'image , et de sa labilité . (C'est la conclusion de la publication nimoîse des recherches effectuées par P. Chabrand et ses collaborateurs en 1992)

- On observe également une hypoactivité pariétale du lobule quadrilatère.

- Ainsi qu'une hypoactivité (au niveau du grand lobe limbique de Broca) dans la partie antérieure du cingulum.

- On note aussi une hyper symétrie entre les deux hémisphères.

- En réalité, un bilan fonctionnel de ces différents constats « localisationnels » montre que ce sont les voies dopaminergiques qui disfonctionnent : le mésocortex préfrontal est déficitaire en dopamine, tandis que les noyaux gris centraux en sont surchargés.

Corrélations entre images et clinique :

A) On peut observer des anomalies d'activités locales et des syndromes schizophréniques particuliers. « L'analyse factorielle » des symptômes ayant permis de définir cliniquement trois syndromes distincts (on y retrouve une certaine spécificité fonctionnelle) :

- *délirant* : hyper activité dans la région para hippocampique gauche
et première circonvolution temporale gauche.

- *désorganisé* : région pariétale et frontale intérieure .

- *appauvri* (sur le plan psycho moteur) : déficit du cortex latéro frontal gauche et du cortex associatif postérieur ; hyper activité des noyaux caudés .

B) Enfin l'étude des corrélations entre les activations s'inscrit dans le modèle de l'activité cérébrale comme fonctionnant par couplages fonctionnels entre différentes zones.

La faiblesse de corrélation entre les régions antérieures et les régions postérieures est la plus significativement spécifique de la schizophrènie .

Ces techniques, en particulier le TEP, permettent de suivre certains neuro médiateurs , par exemple , la dopamine , dont on sait depuis 1950 qu'elle a un rôle dans la schizophrénie , puisque les psychotropes actifs avaient un effet « parkinsonisant » .

(On a ainsi pu comprendre récemment , qu'il ne s'agissait pas d'un excès de dopamine , mais d'un déséquilibre entre un déficit frontal et un excès de cette substance au niveau du pallidum (partie des noyaux gris centraux) , d'où un nouveau psychotrope anti psychotique – « abilify » - , qui serait à la fois dopaminergique au niveau frontal et antidopamine   dans les noyaux gris.)

Hallucinations et imagerie cérébrale .

Ce symptôme très fréquent , pour ne pas dire constant , très généralement constitué d'hallucinations auditivo verbales (« les voix ») a été particuliérement étudié parce qu'il est relativement défini et circonscrit , « conscient » : en tous cas , les malades s'en plaignent et en parlent facilement   .On peut donc en mesurer l'existence et l'évolution .

La première découverte, « hallucinante »,a été fournie par les « potentiels évoqués » :Le patient manifeste au niveau cortical (lobe temporal) et, précisément dans la zone réceptrice des sons émis par la voix humaine , une activation des neurones (normalement concernés) , exactement comme si « les voix étaient « réelles ».

La psychologie cognitive et les travaux concernant les *« neurones miroirs »* , permettent de poser les problème en terme « d'attribution » ; (cf. M. Jeannerod) : puisque le mouvement que je vois faire, excite les mêmes neurones pré moteurs que celui que je vais faire, comment savoir qui fait quoi ?

Et comment distinguer ma pensée de celle de l'autre, mon langage intérieur de ce que profère le partenaire ?

En tous cas, l'excitation de certaines de ces zones par stimulation transcranienne , ferait parfois cesser ces hallucinations .

Ces données rendent totalement obsolètes les idées précédemment en cours , concernant les hallucinations :

Pour Henri Ey (« pape » de la psychiatrie en langue française) , l'hallucination n'est qu'un aspect du délire , à la limite , une sorte de fabulation , dont la dimension esthésique serait accessoire face à la signification du contenu verbal …

Une hypothèse séduisante fait la synthèse entre le point de vue psychologique , issu de la psychologie cognitive et des travaux sur les « neurones miroirs » , avec les constats de l'imagerie cérébrale , qui mettraient en cause les liaisons fonctionnelles entre l'aire du langage intérieur (zone de Broca) , et les aires qui permettent d'attribuer l'origine du discours (gyrus temporal moyen gauche , en particulier) .

Pour les psychothérapeutes , il est intéressant de noter que , si les hallucinations auditivoverbales sont très sensibles aux anti – psychotiques (et peut – être à une stimulation magnétique transcranienne), elles sont aussi , parfois , sous la dépendance de la volonté du patient , qui peut les susciter , ou les faire cesser .

Ainsi, l'attente de l'hallucination en favorise l'apparition cliniquement, et on a constaté que l'activation de la zone concernée (qui se faisait du fait de la volonté du sujet) , précédait effectivement l'hallucination elle – même. Ainsi, l'attente du phénomène, provoque le phénomène , ou , pour le moins, le favorise ....Dans le même ordre d'idées , on peut penser que si ces explorations neuro physiologiques permettent de préciser l'action des psychotropes, elles peuvent aussi permettre d'objectiver l'action des psychothérapies .

Conclusion des explorations par imagerie cérébrale de la schizophrénie

Les zones concernées qu'elles soient frontales, pariétales (gyrus angulaire temporal) ont en commun :[6]

- 1) d'être récentes, phylogénétiquement, aussi bien que sur le plan ontogénique.
- 2) de correspondre à des fonctions complexes et supérieures, « intégratives » , telles que l'attention , le langage , la mémoire de travail , les fonctions exécutives .
- 3) d'avoir une *structure histologique* particulière : elles sont « hétéromodales » , c'est à dire qu'elles renferment des neurones qui peuvent répondre de façon différente , en fonction du contexte .
-

Ce sont des régions qui sont concernées par la pathologie schizophrénique et ce sont celles là mêmes qui sont activées dans la situation hypnotique

Le caractère séduisant de ces découvertes, très récentes pour la plupart ,ne doit pas , si on souhaite rester dans une épistémologie scientifique , nous empêcher d'en repérer les limites .Mais il s'agit bel et bien d'une révolution , comme l'affirmait J.M Jeannerod à Paul Ricoeur , qui objectait que le fait d'avoir des images synchrones de phénomènes subjectifs , ne permettait en aucune façon de pénétrer plus avant le phénomène lui – même , dans sa dimension subjective .

La réponse de J.M Jeannerod est la suivante : « la découverte copernicienne n'a pas changé objectivement la place de l'homme, dans l'univers. Elle a simplement

---
[6] Voir en annexe : les différents cortex

19

révolutionné l'idée qu'il se faisait de lui même et du monde , et surtout , de sa place dans celui – ci , ce qui n' est pas rien.

Ici , grâce à ces explorations , on aboutit à des objets , (une image , par exemple) , on a donc une image « objective » d'un fait « subjectif » , une émotion , une pensée. On a donc débordé l'idée (fondatrice du behaviorisme), que la subjectivité se situait, par essence, hors du champ scientifique, et que l'on ne pouvait donc qu'en étudier des conséquences, c'est à dire les comportements.

Ceci dit , la remarque de P. Ricoeur garde tout son sens ; le pont entre objectivité et subjectivité reste à construire , et les recherches en neuro physiologie ne font que repousser le problème , comme d'habitude en sciences ….

Mais la question essentielle pour des thérapeutes n'est pas de distinguer ce qui est vrai et démontré, de ce qui l'est moins , …..mais de repérer des conceptions, des idées , des données , utilisables dans leur pratique .

Et , tandis que la pharmacologie a permis des avancées déterminantes dans le domaine des schizophrénies (le « largactil » a permis de réduire les « asiles d'aliénés » à des dimensions modestes , à partir des années 50 , et un certain nombre de ces sujets peuvent vivre , depuis , dans la société) , le champ des psycho thérapies est en réalité peu ou pas utilisé , en particulier en France , du fait de l'hégémonie psychanalytique , dans le traitement de ces patients .

En effet , Woodbury avait démontré dés les années 60 , en analysant l'expérience de « chesnut lodge » , (aux USA) , que la psychanalyse n'était pas le traitement de la schizophrénie , mais ce bilan n'a guère , pour le moment , provoqué d'autres tentatives psychothérapeutiques systématisées .

Les psychothérapeutes s'en tiennent prudemment , dans le meilleur des cas , à un accompagnement psychopédagogique , non spécifique , en prise en charge individuelle , et en institution à une « thérapie d'ambiance » évanescente .

D'où , l'intérêt de tenter d'utiliser l'hypnose , sur des cas accessibles à une telle thérapie …….

UN LIEN : LA PLASTICITE NEURONALE ET SYNAPTIQUE

La neuroplasticité renvoie effectivement aux modifications dynamiques et adaptatives des neurones, ce qui inclut le développement précoce, la migration neuronale, l'extension axonique, la prolifération mitotique,une différenciation, mais aussi, une apoptose (mort neuronale programmée) .

Ces processus permettent une économie cellulaire indispensable pour la maturation du cerveau à l'âge clé de la vie qu'est l'âge fœtal (ce que l'on a toujours su), mais sont aussi cruciaux chez l'enfant et l'adulte pour le traitement de l'information, la formation de la mémoire, ainsi que la question du stress et de l'humeur (ce que l'on ne sait que depuis peu).

Comprendre un phénomène complexe nécessite d'appréhender sa genèse et son développement. Ce postulat s'adapte au cerveau, comme à la schizophrénie ou aux troubles de l'humeur. On repère très précocement dans les troubles récurrents de l'humeur des anomalies des lobes frontaux, des ganglions de la base du cervelet, de l'hippocampe et de l'amygdale.

Nous avons étudié, précédemment, les atteintes neurophysiologiques et cérébrales de la schizophrénie. Ainsi, pour la schizophrénie, le fait de savoir qu'il y a deux épisodes de « migration neuronale » dans le cerveau, l'un au troisième mois de grossesse, l'autre vers 20 ans , éclaire la « question clef » de l'âge de début de la schizophrénie.

Pourquoi 20 ans ? S'est – on toujours demandé jusque là (d'autant que la probabilité de naissance d'un futur schizophrène est forte si le troisième mois de grossesse a coïncidé avec la période de l'année où les virus sont les plus actifs). On aurait donc là une clef de l'étiologie de la schizophrénie, à travers un trouble de la migration neuronale.

Ces anomalies structurales renvoient, en partie, à la vulnérabilité sous – jacente à ces différents troubles, mais n'en précisent pas le mécanisme ni la place de la génétique. Au cœur de ces phénomènes les facteurs environnementaux interviennent en plus, comme le stress et les événements de la vie, en tant que déclencheurs des troubles de l'humeur, via leur neurotoxicité.

La capacité à faire face à ces différents événements va varier d'un individu à l'autre, selon son patrimoine génétique, son potentiel réceptif, réactif … La plasticité neuronale décrit la capacité d'un neurone à *changer* le type de réponse qu'il rend à une même stimulation. Ces changements peuvent concerner les propriétés intrinsèques du neurone, ou les propriétés des *synapses*.

Bien qu'il soit difficile de visualiser un neurone et ses synapses du fait même de la longueur de son axone, ce qui se prête mal aux coupes histologiques, la réalité de ces variations synaptiques a été démontrée et photographiée. Par exemple, Jacobs (et collaborateurs) [7]ont étudié les différences du nombre d'épines dendritiques dans différentes zones du cortex, en opposant les régions de « bas grade intégratif », à ceux de « haut grade » ; les dendrites étaient   30% plus longs, et   60% plus nombreux dans ces derniers. Il ne s'agit donc pas de théories abstraites mais bien de faits matériellement démontrés. Ainsi, la plasticité neuronale constitue le mécanisme unitaire au niveau cellulaire de la mémorisation et de l'apprentissage.

Pour nous, cette *possibilité de changement* est une donnée extrêmement importante. De nombreuses expériences réalisées par rapport à la plasticité synaptique, basées sur l'étude des réponses aux stimuli, donnent une indication intéressante : ces stimuli provoquant des modifications synaptiques sont toujours induits par un changement d'humeur du sujet - se prêtant à cette expérience – Ainsi, on perçoit toute l'importance de nos émotions, qui paraissent gérer notre fonctionnement.

---

[7] Jacobs and collaboration . Cerebral Cortex june 2001

C'est toujours grâce à l'imagerie fonctionnelle (IRMf) que nous pouvons comprendre et suivre ces évolutions. Ces études nous ont donné accès à une dimension nouvelle du fonctionnement cérébral : «le fonctionnement en réseau ». Ces réseaux se font et se défont en fonction de la tâche cognitive dans laquelle le sujet est impliqué.

Ainsi, une zone cérébrale n'a pas une fonction unique (comme nous le pensions , il n'y a pas si longtemps) ; ses ressources sont en effet mises à profit dans des stratégies cognitives différentes.

Ces régions du cortex (dont nous avons étudié précédemment la topographie et l'histologie)[8], sont dites associatives.

Le cerveau adulte se modifie au cours du temps ; la capacité de nos connexions à transmettre l'information, le débit, varient énormément en fonction de l'activité du réseau auxquelles elles appartiennent. De synapse en neurone, et de neurone en synapse, se produit une formidable amplification des connexions. L'information suit des trajets, des circuits, se canalise ; si une synapse appartient à un circuit souvent utilisé, elle tend à augmenter de volume, sa perméabilité devient plus grande, son efficacité augmente.

Ainsi, par rapport à l'efficacité synaptique, on peut expliquer un modelage progressif du cerveau sous l'influence de l'expérience de l'individu qui le possède. On peut dire que la théorie de l'efficacité synaptique, est une théorie de l'acquisition de nouvelles capacités, c'est à dire une théorie de l'apprentissage et de la mémoire.

L'apprentissage provoque une aire de contact synaptique plus grande, une perméabilité plus dense et une conduction nerveuse plus rapide. L'apprentissage influence l'ensemble de la chaîne métabolique mise en jeu dans le fonctionnement des neurones concernés : leur activité répétée déclenche une augmentation de l'expression des gènes contrôlant la fabrication de protéines nécessaires à ce développement. Marc Jeannerod parle de «cerveau modifiable » et dit que « la plasticité synaptique survenant au cours de l'apprentissage, au cours du

---
[8] Cf le tableau des cortex en annexe

développement, comme à l'état adulte, sculpte le cerveau de chacun d'entre nous ». « L'éducation, l'expérience, l'entraînement, font de chaque cerveau une œuvre unique ».

Nous allons tenter à présent de comprendre les étapes, le déroulement qui s'opère tout doucement pour parvenir à ces modifications, cette plasticité qui fait qu'un changement peut exister.

Le fonctionnement du cerveau peut être altéré par de nombreuses causes pathologiques : lors de maladies dégénératives (maladies de Parkinson, d'Alzheimer) ou de maladies occasionnant un dysfonctionnement global de ses fonctions (encéphalite, sclérose en plaques…). Certaines lésions cérébrales peuvent être anatomiquement pas « évidentes » quand elles sont d'origine génétique. Dans ce cas précis, le mécanisme de transcription de certains gènes et donc la synthèse de protéines indispensables au fonctionnement des neurones, est atteint, est déficitaire.

On peut penser que certaines maladies mentales, comme la schizophrénie, pourraient relever de cette étiologie.

Il est intéressant et important d'observer comment se réorganise une région lésée. Nous pouvons effectivement suivre l'évolution, toujours grâce à la neuro-imagerie fonctionnelle. L'étude systématique de la réorganisation des réseaux du cerveau après une lésion (souvent motrice) a apporté une contribution essentielle à la rééducation fonctionnelle de ces patients.

Nous avons tous observé (avec admiration pour nos capacités de changement), comment une personne atteinte, par exemple, d'une paralysie du bras gauche provoquée par une lésion de la région motrice du cortex du côté droit, parvient au bout de quelques semaines à bouger ce bras….

Cet individu a appris ainsi à utiliser des voies nerveuses, qui ne le sont pas, à l'état normal ; cette réorganisation de la fonction motrice est aussi une preuve de la plasticité des mécanismes cérébraux.

Cette plasticité est plus délicate à observer et à comprendre, lorsqu'il s'agit de réhabiliter des aires cérébrales en souffrance -- comme nous venons de le noter -- chez ces patients schizophrènes.

Ici, il ne s'agit plus de récupérer une motricité mais une identité qui a été morcelée.

L'étude de la plasticité synaptique, dans le mécanisme intime de la mémoire, m'a paru passionnante et très adaptée.

La mémoire est omniprésente dans le système nerveux, sous forme de stimuli, qui peuvent modifier de façon durable, l'état des connexions synaptiques : *ils laissent une trace ....*

« Cette trace pourra être *réveillée* par une nouvelle stimulation, même plus faible, appliquée à la même voie.

Elle persistera plus ou moins longtemps, selon les conditions de la stimulation et finira éventuellement par disparaître.

Ces trois propriétés :

    --- Fixation sous la forme d'une trace

    --- Rappel par une nouvelle stimulation

    --- Oubli

sont celles de tous les systèmes de « *mémoire biologique* » (cf Marc Jeannerod).

Nous sommes, bien sûr, dans le schéma de l'apprentissage, qui a fait écho pour moi au processus de l'hypnose. Nous pouvons penser que tout le travail de l'hypnothérapeute est « focalisé » sur ces traces mnésiques. Il va ainsi raviver, rappeler à la surface toutes les ressources du sujet, -- ses paroles devenant autant de stimuli -- , estomper, suggérer de diriger peut-être vers l'oubli d'autres traces trop douloureuses, ... en agissant directement sur les influx nerveux.

D'autre part , la mémoire est un processus évolutif ; « l'engrammation » mnésique n'est pas celle d'un « disque dur », mais au contraire, le matériel mnésique est « révisé » chaque nuit dans les phases paradoxales du sommeil, celles des rêves, ce qui justifie que l'hypnothérapeute puisse suggérer au patient de réaménager son histoire (par exemple dans le cas d'un traumatisme) de façon à la rendre acceptable et métabolisable par le sujet (comme nous le décrit M . Erickson de façon si admirable dans « l'homme de Février »).

Ainsi, les synapses en étant mobilisées deviennent plus efficaces : elles tendent à augmenter de volume, leur perméabilité devient plus grande. Raviver pour le patient tout son savoir, tous ses apprentissages, est vécu alors comme une stimulation répétée *« qui devient efficace dans cette zone du cortex cérébral, en provoquant des modifications synaptiques... »*

Réseau de neurones :

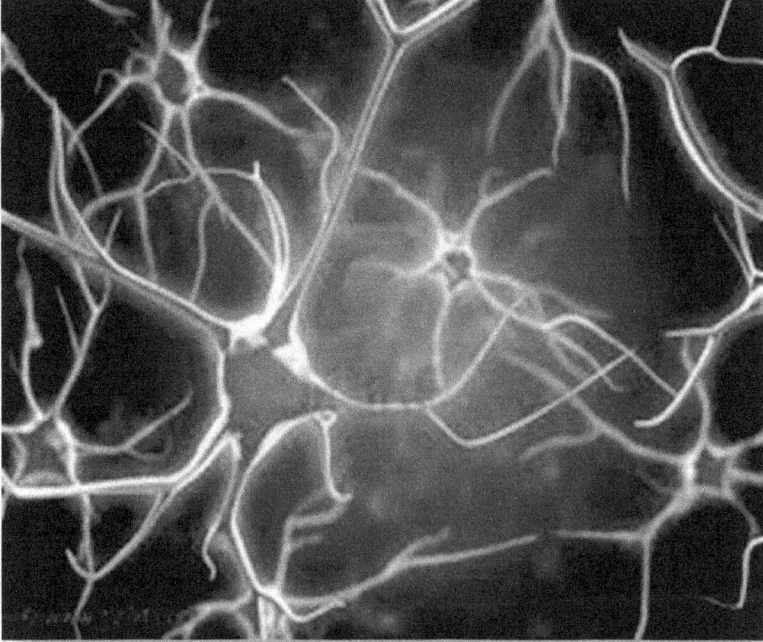

LES LOBES CEREBRAUX

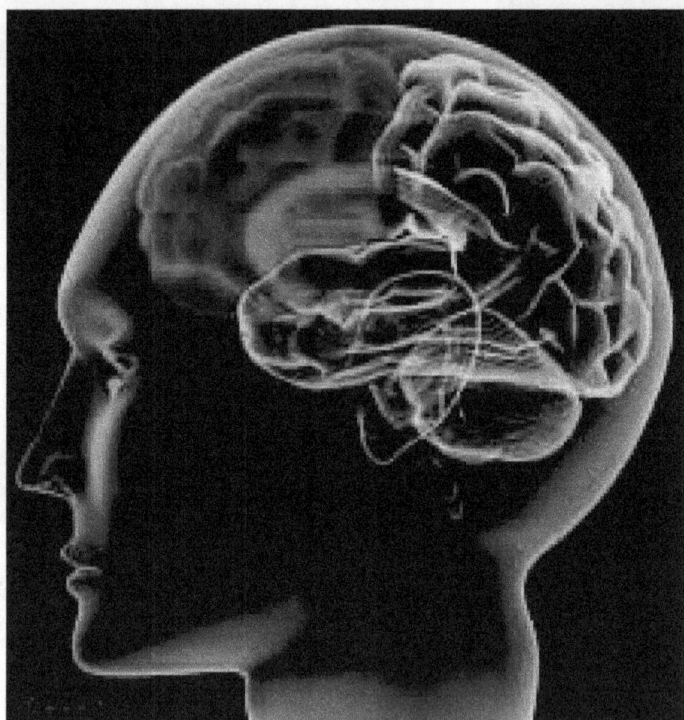

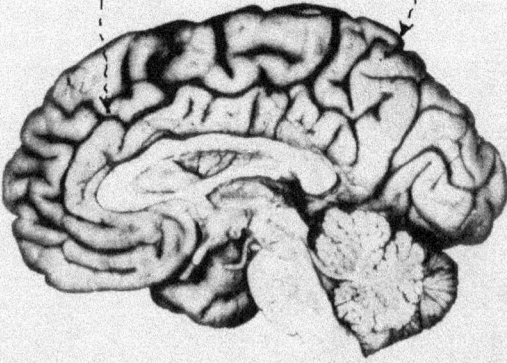

Schizophrénie = Déficits aux noyaux du - , - précunéus.
cingulum antérieur

9

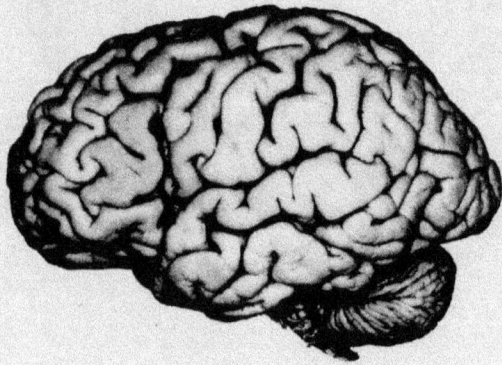
Schizophrénie : hypo frontalité en "préfrontal dorso latéral"

30

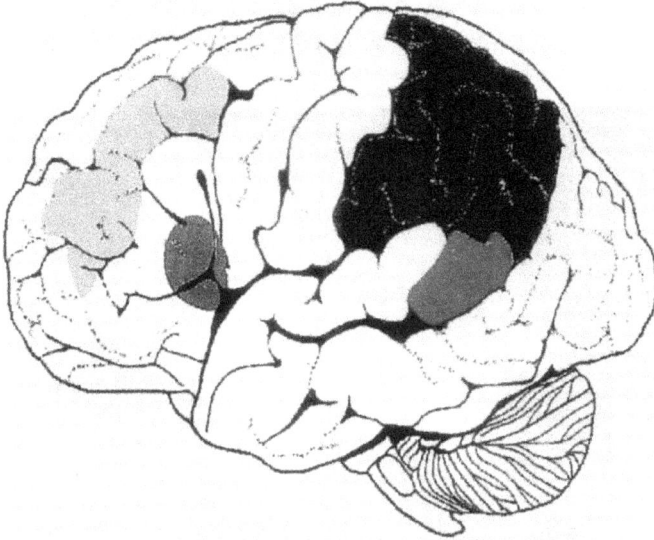

Figure 2. Vue latérale de l'hémisphère gauche, montrant
la localisation des régions associatives du cortex hétéromodal.
La couleur jaune correspond au cortex dorsolatéral préfrontal.
Le vert, à l'aire de Broca. Le bleu représente le lobule pariétal
inférieur et le rouge le planum temporale.

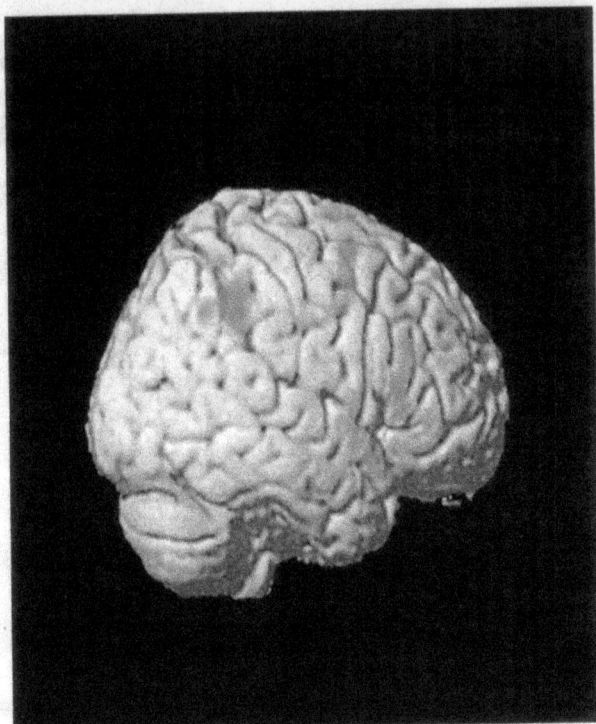

Y. Cojan
Trois regions *(en rouge)* sont systématiquement activées sous hypnose : la jonction temporo-pariétale *(à gauche)*, le cortex prémoteur *(au centre)* et le cortex frontal inférieur *(à droite)*.

CHAPITRE II

- *A)* *Le travail, les écrits de Milton H . Erickson*

M. Erickson a peu écrit sur la psychose, mais nous possédons cependant quelques cas très révélateurs sur sa technique thérapeutique dans ce genre de situation.

Plusieurs de ces cas sont traités par M. Erickson, dans le service de psychiatrie d'un hôpital   d'état du Massachussets ou du Michigan, d'autres dans son cabinet à Phoenix (Arizona).

J'ai sélectionné quatre cas :
- *Mary*, chef de service à l'hôpital, traitée dans les années 70
   (M. Erickson a un doute pour elle quant au diagnostic de psychose)
- *Sandra,* traitée en 1966, ainsi que
- *Edward,* sont considérés comme des schizophrènes catatoniques
- *Un patient de Worcester*, traité en 1930.

Mary et   Sandra présentent des troubles perturbants, envahissants, mais beaucoup moins violents que ceux concernant Edward ou le patient de Worcester (qui sont, eux, placés dans un service fermé de psychiatrie)
Des similitudes dans la technique et l'attitude de <u>M. Erickson</u> sont cependant repérables par rapport à ces 4 cas :
1- une écoute attentive, un respect total, quant aux demandes parfois étranges de ces patients,
2 - sur le plan thérapeutique, <u>M. Erickson</u> propose un travail de mise à distance plus ou moins effectif, selon la gravité des cas :

Pour Mary : un travail réel de réification (les boules de cristal).

Pour Sandra : M. Erickson pénètre aussi tout à fait dans la métaphore que Sandra est en train de vivre en faisant également un travail de réification (les enveloppes à bulles, pour déposer les épisodes psychotiques …)

Pour Edward et pour le patient de Worcester, on peut dire qu'il y a *prescription du symptôme* (qui dans ces cas précis est leur cauchemar). Il m'apparaît opportun d'étudier ces cas de plus prés, d'en découvrir surtout la ligne directrice qui a guidé la démarche thérapeutique de M. Erickson.

<u>*Dans le cas de Mary*</u>, que M. Erickson présente comme l'une de ses patientes, il craint qu'elle ne développe une schizophrénie. Très qualifiée dans son travail, Mary développait des fantasmes épouvantables, dés qu'elle se retrouvait seule.
Ainsi sa chambre était peuplée de monstres, « elle ne savait pas avec certitude si elle rêvait ou si ce qu'elle vivait était réel » … (d'où un doute pour Mary quant au diagnostic de psychose).

M. Erickson travaille avec Mary par le biais de boules de cristal, où elle va ainsi pouvoir se retrouver à différents âges de sa vie, choisir, constater ses progrès, et récupérer doucement son identité.
Il lui présente ainsi quatorze boules ; dans la première, elle voit une petite fille ; la dernière représente sa situation actuelle. Mary est plongée dans un état hypnotique, induite, focalisée sur toutes ces boules de cristal.

M. Erickson joue sur la distorsion temporelle pour Mary, qui, de petite fille, se voit subitement plus âgée, en regardant les 10°, 11°, et 12° boules, et dit : « c'est épouvantable de me faire regarder ça …» M. Erickson lui demande alors de façon

34

directive « d'oublier l'identité de la personne dans toutes ces boules de cristal... dites – moi seulement ce que vous en pensez ... ».

Mary résume brièvement son parcours de petite fille heureuse jusqu'à une cassure : «... Qu'est ce qu'il est arrivé à cette fille ? Pourquoi devrait – elle ressentir des choses aussi horribles ? » ...

M. Erickson propose alors à Mary une très belle réassociation : « je ne sais pas, vous ne savez pas, mais j'ai une très bonne surprise pour vous, si vous regardez dans cette boule de cristal ici, et ensuite là bas, vous allez découvrir que c'est toujours la même fille ; et dans cette boule – là, vous allez voir la représentation d'une fille qui agit et se comporte très bien ..., *ce n'est pas une représentation très vivante* , ... c'est simplement la représentation d'une fille qui est heureuse, contente et qui va faire quelque chose qu'elle veut vraiment faire, et elle va vraiment prendre plaisir à le faire ....

Maintenant, cette fille – ci et cette fille –là sont la même fille.

En dehors des processus de croissance et de développement, des changements qui surviennent dans la vie, des accidents de la vie, etc. ..... vous savez, toutes les histoires doivent avoir une fin heureuse ... ».

Par ce travail, M. Erickson a permis à Mary de s'identifier dans une de ses représentations, (sans doute en y juxtaposant plusieurs), celle qui lui a convenu, ceci d'une manière sûre, en toute sécurité, et depuis, Mary a pu être totalement épanoui ...

M. Erickson traite *le cas d'Edward* en 1966

C'est un jeune homme qui a été interné à l'hôpital psychiatrique, après avoir eu une crise très violente à l'usine où il travaillait.

Il s'y trouve depuis trois ans ; dans le service, « il est sagement assis sur une chaise » , et ne parle à personne, jamais ... Cependant, à trois reprises sur les 24 heures, il a des crises violentes, où il hurle, se précipite dans le dortoir, rampant sur ou sous les lits, les écartant des murs brutalement. Ces crises durent environ vingt minutes, et il n'en donne jamais aucune explication. Une équipe psychiatrique a posé un diagnostic de schizophrénie de type catatonique.

M. Erickson décide d'utiliser l'hypnose, qu'il propose à Edward.
Ce dernier ne refuse pas, et M. Erickson l'induit rapidement en état hypnotique par des suggestions de lassitude, sommeil et attention à ce qu'il lui disait ; il hochait affirmativement la tête ou la secouait négativement aux questions de M. Erickson. Ainsi Edward parvient à dire qu'il souhaite parler de ses problèmes.

M. Erickson nous raconte alors six séances d'hypnose avec Edward, séances d'hypnose, où il lui propose de …. *Rêver.* Le premier « rêve » est un cauchemar abominable, où Edward accepte de raconter, mais dit à M. Erickson : « tenez moi la main, parce que je vais avoir une peur terrible … », «ça me traîne, ça m'attrape, ça me tire, ça me tord, ça me tourne, ça me traîne à travers de gros tas de fil de fer barbelés, au milieu de tas de couteaux agressifs, …Je ne vois rien, et j'ai tellement peur…».
Edward, pendant vingt minutes, est dans un état de forte tension, il souffre, frémit, transpire…. M. Erickson lui propose une 2° séance le même jour, quelques heures plus tard, un autre rêve, mais avec « un ensemble de personnages » : « c'était aussi horrible, mais, dans un canyon … ». Puis, Edward décide de lui – même d'espacer les séances. Il viendra de lui-même prendre la main de M. Erickson pour lui demander son aide.

Au bout de ces trois ans de silence, Edward pouvait avoir établi la confiance en quelqu'un, et surtout, retrouver l'usage de la parole. Il avait en effet remarqué, compris, et dit que dans ces séances d'hypnose, il vivait - dans ses rêves – exactement ses crises : « oui, ces rêves sont ce qui arrivait dans le service, dans le dortoir, … c'est exactement la même chose …». Il sait à présent, que les travaillant en hypnose, elles s'arrêteront spontanément dans le réel ; ainsi, les jours suivants, quand il avait peur de les vivre, il se précipitait vers M. Erickson, et partait vite en hypnose, (en lui prenant la main). Les « personnages » vont prendre de plus en plus « forme », le « rêve–cauchemar » devient moins chaotique …

M. Erickson lui demande de « rêver plus clairement, pour mieux voir les personnages », «plus compréhensible, mais pas trop compréhensible ».
Ce rêve, par les suggestions de M. Erickson a été tout doucement modelé. Les « personnages » remplaçant les fantasmes, et provoquant, chez Edward, d'autres émotions - comme la colère - , qui diminue sa peur , et permettent ainsi à la mémoire d'émerger, à la compréhension, d'exister .

Les rêves sont toujours de 20 minutes précisément ; tout doucement, Edward parvient à les raconter de plus en plus…. A la fin du sixième rêve, il demande à M. Erickson de le réveiller « tout de suite », car il sait qu'il peut enfin tout raconter et (s') expliquer : les liens, par rapport à sa famille, qui l'ont martyrisé pendant des années…

Après « ce travail autour d'un rêve », où Edward a appris à communiquer, à retrouver une identité, il quitte quelques mois après l'hôpital psychiatrique, et comme dans toutes les belles histoires, se marie et a de beaux enfants !

Sandra est une jeune femme charmante de 38 ans, que M. Erickson reçoit dans son cabinet à Phoenix (Arizona) , en 1966 ; elle travaille dans une société immobilière, de façon très satisfaisante . Elle demande à M. Erickson si il utilise l'hypnose ; ce à quoi il répond : « si je trouve que c'est nécessaire et utile » ….

Sandra raconte immédiatement ses fantasmes : « je suis gênée par de jeunes hommes nus qui flottent dans les airs, juste au – dessus de ma tête… Les voyez – vous, là, tout prés du plafond ? … Où que j'aille, ils me suivent … Ils se contentent de flotter … » « Une deuxième chose : j'aime me mettre à flotter dans le ciel, et à voyager autour du monde, sur un nuage … Parfois, au contraire, je descends au fond de l'Océan Pacifique où j'ai un magnifique château de verre … J'y passe un jour ou deux, parfois même une semaine … C'est tellement beau d'admirer les poissons qui nagent tout autour de mon château …».

Mariée plusieurs fois, Sandra raconte que ses ex-maris ont voulu la placer à l'hôpital psychiatrique de l'Etat en obtenant le divorce ; « je ne veux pas y aller, parce que je suis capable de travailler, de gagner ma vie … Je ne veux pas que des gens s'occupent de mes affaires ». Sandra a des demandes précises par rapport à M. Erickson ; elle veut être hypnotisée, ne plus être « dérangée par ces hommes nus », elle veut continuer à faire ses voyages autour du monde, descendre dans son château de verre, ….. mais gérer le temps, car parfois, ces voyages peuvent durer une semaine, où elle reste enfermée dans sa chambre.

Sandra veut aussi garder « ses jeunes hommes », et dit à M. Erickson : « Veillez simplement à ce que je garde toutes ces choses, mais faites qu'elles n'interfèrent plus avec ma vie quotidienne…» Entrée très rapidement dans une transe somnanbulique, Sandra parle très aisément .
Elle se voit comme « une pauvre fille tout simplement complètement psychotique, mais elle ne le sait pas… Elle a des hallucinations… Elle est allée à la bibliothèque et a étudié la schizophrénie catatonique… Elle est vraiment effrayée… Par moments, elle a pensé au suicide, … Elle est vraiment moi, vous savez …».

Pour garder tout le plaisir de ses voyages sur un nuage, ou dans son château de verre, M. Erickson lui apprit la distorsion temporelle ; elle devait avoir « l'impression que cela lui prenait des jours, des semaines, des mois, peut – être même des années pour se sentir flotter sur son nuage autour du monde ; pourtant, en temps réel d'horloge, cela pourrait être accompli en une minute, ou deux, ou trois, … ».

38

Sandra se montra d'accord, puis exprima son inquiétude, quant à « tous ces hommes nus »… M. Erickson lui expliqua alors qu'un « placard assez vaste, était attenant à son bureau, et qu'il pouvait laisser ces jeunes hommes y flotter… A tout moment, elle aurait la liberté de venir et vérifier qu'ils étaient toujours là …. ». Tout se passa ainsi fort bien pour Sandra pendant trois ans. Elle travaillait, « était très fière de faire un voyage de trois mois en trois minutes d'horloge » …, puis elle rencontra des difficultés et demanda de l'aide.

Elle avait des « épisodes psychotiques » tous les week–ends et craignait donc de perdre ses emplois. Elle cherchait un endroit pour mettre ces « épisodes psychotiques » … M. Erickson lui proposa de « les placer dans une enveloppe de papier bulle, … les laisser faire tout ce qu'ils ont envie de faire dans cette enveloppe, et, ainsi, ne pas interférer avec elle. ». Elle pourrait passer à son bureau et laisser l'enveloppe pour qu'elle soit classée dans son dossier …

M. Erickson conclut en disant que « Sandra n'était pas une patiente pour hôpital psychiatrique. C'était une employée de la fonction publique qui a réussi sa carrière, pas un fardeau pour la société…
Beaucoup d'autres malades pourraient être réhabilités sur le plan économique, si les médecins comprenaient que l'hypnose est une façon de communiquer des idées, des conceptions, et une connaissance de soi utile et non perçue, qui est continue dans ce qu'il est convenu d'appeler l'inconscient ».

M. Erickson, dans le cadre d'une rencontre avec J. Zeig en 1973, et pour illustrer sa démarche thérapeutique, lui raconta le cas d'un « *patient de l'hôpital d' état du Worcester* (Massachussets), dont il s'était occupé en 1930. Ce patient demandait à être enfermé dans sa chambre, et passait son temps dans l'angoisse et la peur, à enrouler des cordes autour des barreaux de sa fenêtre pour les consolider.

Il savait que ses ennemis allaient venir le tuer, il les attendait, et cette fenêtre était la seule ouverture ….

M. Erickson entra dans la chambre et se mit à l'aider à renforcer les barreaux, avec la corde ; puis , M. Erickson remarqua des fissures dans le plancher, et autour de la porte, et lui suggéra de les obturer avec du papier journal « afin que ses ennemis n 'aient aucune possibilité de pénétrer ».

On observe ainsi que - comme dans tous les autres cas -, M. Erickson entre dans le problème, dans le délire du sujet ; il s'y intègre, comme pour s'y faire accepter, subrepticement …. Puis, des le cas précis de ce *patient du Worcester* , M. Erickson va manier un zoom. Il va peu à peu lui faire se rendre compte que sa chambre n'est que l'une des nombreuses chambres du service… Lui faire « accepter l'idée que les gardiens faisaient partie de ses défenses contre ses ennemis,… que l'hôpital lui – même faisait partie de ses défenses contre ses ennemis et que la commission de la santé mentale du Massachussets en faisait partie, ainsi que le système policier et le gouverneur... » M. Erickson étendit même cette notion aux états voisins, et fit même en sorte que les USA deviennent une partie de son système de défense. Ainsi, tout doucement, ce patient accepta de ne plus verrouiller sa porte,… (il avait tellement d'autres « lignes de défense «)

M. Erickson ne tenta pas de corriger ses « idées psychotiques », ses hallucinations à propos d'ennemis qui voulaient le tuer… Il lui apporta juste davantage de sécurité ; il le conforta et l'encouragea, au – delà de ses prétentions premières.
Les renforts apportés étaient tellement solides, qu'il pouvait lâcher et passer à autre chose ; c'est ce qu'il fit ; il accepta de sortir de sa chambre, de se promener en sécurité autour des bâtiments. Son comportement « bizarre » disparut, et, il put travailler dans les ateliers de l'hôpital .

M. Erickson, dans ce cas précis, a vraiment « rencontré » le sujet, là où il se trouvait, créant sûrement un climat puissant d'empathie et de respect ; il n'a fait absolument aucune tentative pour interpréter son délire, ou le forcer à changer son comportement. En entrant dans les conceptions psychotiques du sujet, et en introduisant de légères modifications dans le système de défense qu'il construisait, (boucher les fissures), il devient en fait , un défenseur … Et on peut penser qu'il permet ainsi à ce sujet de transférer ce rôle de protecteur sur d'autres personnes, d'autres institutions «jusqu'à ce que le patient lui-même puisse en venir à la conclusion qu'il est en sécurité ».

En octobre 1977, J. Zeig a étudié et repris ce cas avec M. Erickson, dans le but de comprendre sa démarche thérapeutique, son protocole. Il en rapporte certaines explications. Il pense ainsi que M. Erickson suivait un schéma identifiable, où J. Zeig identifie 3 étapes (3 préceptes) :

1 - Rencontrer le sujet *là où il se trouve.*
Ainsi, M. Erickson n'essaie pas de « corriger » les pensées hallucinatoires de ce dernier patient ; il le « prend » dans son délire , là où il est .
2 - Etablir de *petites modifications*, qui vont dans le sens du comportement, des conceptions du sujet et en découlent ; (boucher les fissures du plancher)
3 - En pénétrant toujours dans la métaphore que le patient est en train de vivre, M. Erickson lui montre qu'il respecte son intégrité et son comportement ; il ne fait aucune tentative pour interpréter son délire ; il commence la thérapie au niveau du comportement et de compréhension du sujet.

Il va tout doucement suggérer quelques modifications, insérer ainsi ces « personnages » (pour Edward), fait que le cauchemar se modifie, devient plus familier donc moins pénible ; on reconnaît, on peut nommer, donc la peur est moindre. Par dessus tout, la pierre angulaire du processus thérapeutique avec ce patient repose sur la *prescription du symptôme*. D'une manière qui est fondamentalement implicite, le sujet est encouragé à poursuivre son comportement symptomatique, et, « sur la base de nouvelles conceptions, favorisées en partie par les modifications apportées par le thérapeute, le patient change son propre comportement » (M. E.).

En fait, « ce processus est semblable à une danse dans laquelle un partenaire commence par synchroniser ses pas aux pas de son partenaire, et ensuite (et seulement à ce moment là), commence à prendre l'initiative et à mener la danse » (J. Zeig).

B) *Les écrits , le travail de Maggie Phillips*

J'ai rencontré M. Phillips en 2005 dans un séminaire sur « les états du moi », et donc les états dissociatifs. Cette démarche m'avait passionnée, je l'ai beaucoup travaillée, et utilisée aussi avec mes patients.
C'est même grâce à ce savoir, que je me suis autorisée à travailler en hypnose avec Chloé (nous étudierons son cas ultérieurement).

La démarche de Maggie Phillips dans cette optique de la dissociation est claire, étayée, précise, et je crois que c'est ce qui m'a séduite d'emblée ; elle est convaincante, car c'est une très bonne théoricienne, mais également une très bonne praticienne, et on le vit en l'écoutant. Pour M. Phillips le diagnostic de « moi divisé » est corollaire de vécus traumatiques. Au moment de l'apprentissage, des liens s'établissent entre l'état biochimique et psychologique du système nerveux central et le résultat du processus d'apprentissage. E. Rossi et D. B Cheek ont travaillé sur ce sujet pendant 40 ans, et ont pu ainsi démontrer les effets forts nocifs de certaines drogues, de l'alcool, par rapport aux atteintes mnésiques.

Il y a rétention d'information et dissociation ; ainsi, deux types de comportement peuvent être observés alors chez le même individu, parce que « les informations disponibles sont de nature différente » Nous savons que tout traumatisme engendre un état de dissociation. C'est simplement une réaction de défense face à l'envahissement du souvenir de ce vécu traumatique ; mais le sujet peut rester dans un état « de qui vive », un état d'éveil exacerbé, qui se manifeste dans les comportements de stress post – traumatique.

On a pu avancer l'hypothèse que le traumatisme produit des réactions spontanées de transe, et que la dissociation hypnotique qui en résulte, permet l'adaptation à la situation. Mais il a été également noté, que, seuls les sujets qui ne restent pas en état de dissociation, peuvent accomplir certaines tâches motrices,(ceci permet pour le thérapeute d'avoir un certain objectif).

Grâce aux travaux de Cheek et E. Rossi, «en acceptant l'hypothèse de l'apprentissage en dépendance étroite avec le contexte, et en reconnaissant le rôle des supports chimiques de l'information libérés dans le système nerveux, nous pouvons comprendre l'importance des approches hypnothérapeutiques, dans le traitement des troubles dissociatifs ».

E. Rossi a ainsi postulé que « les états hypnotiques permettent aux substances de l'information, diffusées au sein du système nerveux, de retrouver presque la situation qui était la leur dans les circonstances antérieures ; ainsi , les souvenirs peuvent être ravivés et revécus». M. Phillips pose un préalable par rapport au traitement des troubles dissociatifs ; pour elles les états dissociatifs sont différents du trouble bipolaire, de la dépression endogène et des « états limites ».
Pour poser le diagnostic, il suffit de « savoir s'il est possible que la dissociation puisse être la cause du malaise actuel ». M. Phillips énonce ensuite plusieurs facteurs indicatifs de troubles dissociatifs : amnésies d'identité (parfois peu ou pas de

souvenirs d'enfance), présence de symptôme de fragmentation du moi («langage des parties»), des comportements envahissants (comme les tremblements, les spasmes, les contractions, les tics,..), des troubles du schéma corporel (nausées, migraines, modifications vasomotrices ,..).

M. Phillips va suivre *un protocole thérapeutique*, un plan de traitement très précis. Dans un premier temps, après avoir posé un diagnostic, elle va évaluer les aptitudes du sujet à recevoir l'hypnose, en lui proposant d'emblée, à la première séance, une exploration intérieure vers un bon souvenir... Ceci permet de juger si les abréactions ne sont pas trop présentes, et si une coopération peut s'installer.

Pour M. Phillips « il faut que le sujet devienne maître de son expérience hypnotique, qu'il y rentre sans crainte, et s'y sente bien ; il faut aider le sujet à se déplacer à son gré, de l'expérience intérieure à l'expérience extérieure ».., mais l'accompagnement hypnotique doit être toujours structuré, pour ne pas mener le sujet vers la confusion. Donc, il faut être directif, quant à la forme, et tout à fait permissif, quant aux besoins du patient. Il est important de trouver un équilibre dans la vie du sujet entre son présent, où sont rassemblés les ressources du sujet pour pouvoir ensuite travailler sur son passé, qu'il doit accepter.

Pour M . Phillips, le processus de traitement consiste à découvrir les éléments du traumatisme, qui sont censés être la cause des symptômes dissociatifs, et de renforcer suffisamment la personnalité de manière à maîtriser ces éléments et intégrer le matériel non encore mis au jour. L'hypnose permet au sujet d'entrer dans « cet état psychologique et biochimique dans lequel l'apprentissage est dépendant du contexte de cet état, qui s'est produit à l'origine, et de mobiliser tous ses états du moi pour le travail thérapeutique ».

Il est essentiel - après l'établissement du contrat thérapeutique -, de créer d'abord une sécurité extérieure et intérieure pour le sujet, un quotidien stable ; il faut donc d'abord renforcer le moi, lui redonner confiance, et contrôler le corps. M. Phillips insiste beaucoup sur le travail de renforcement du moi ; le patient, après un traumatisme, est souvent paralysé par une « impuissance apprise » ; ses mécanismes de défense sont faibles et ses possibilités de « revictimisation » importantes …

Donc, le but va être, en état hypnotique, de mobiliser toutes les ressources intérieures du sujet, de régresser en âge pour trouver les périodes de réussite, de paix, projeter le sujet dans un futur où ses objectifs pourront être atteints, avec une sécurité, une stabilisation. A ce stade, le thérapeute a déjà informé le patient sur l'existence et le fonctionnement des états du moi, le désir de faire connaissance avec toutes ces parties de sa personnalité, d'apprendre leur fonctionnement, leur communication, car les états du moi sont adaptatifs …

Il faut intégrer, les faire coopérer et développer l'alliance thérapeutique avec chaque état du moi. En fait, nous sommes en face d'*un travail de thérapie familiale* pour un même sujet… Effectivement, nous allons engager avec un état du moi n'importe quelle technique hypnothérapeutique ou psychothérapeutique, que l'on engagerait avec l'individu tout entier. Pour renforcer le moi, dans un premier temps, il peut être important de solliciter un état du moi qui remplira ce rôle ; ensuite tous les états du moi peuvent être recherchés, dessinés, tels des sous – personnalités du moi.

M. Phillips propose de faire l'anamnèse de chacun, connaître leur âge, leur fonction, leur nom, leurs besoins. Certains états du moi peuvent être préverbaux, -- c'est à dire très jeunes -- et s'expriment donc à un niveau sensoriel ; ce sont souvent des images, des sensations répétitives (comme des frissons, des tremblements, des rêves) qui peuvent perdurer dans le temps. En hypnose, un autre « ego state » peut venir traduire ces ressentis.

Le dialogue avec l'état du moi inclue toujours, pour le thérapeute, l'ensemble de la personnalité et la coopération avec tous les autres états, car le but, pour le thérapeute est l'intégration, la réassociation, « l'harmonie dans la famille », car ils ont besoin les uns des autres. La régression en âge va toujours commencer par une régression positive, des souvenirs agréables, qui aideront à doser le rappel des souvenirs traumatiques. En effet, le patient doit rassembler ses forces pour ce « voyage » thérapeutique vers l'inconnu, mais cet accès vers le matériel traumatique ne doit se faire que lorsque le sujet lui–même réclame cette exploration.

P. Levine pense que « le sujet doit être aidé à retraiter le traumatisme, en identifiant la structure des réponses traumatiques *dans son corps, et dans ses perceptions, et en restructurant celles – ci en ressources somatiques, souples et intégrées »* .

M. Phillips a fait sienne ces pensées de M. Erickson qui proposait d'utiliser la dissociation comme une ressource ; ainsi, face à des vécus traumatiques, il aimait utiliser « la pensée objective » ; « Cette technique dissociative permet au patient en état d'hypnose de se dissocier en un observateur qui regarde le moi agir » … « L'hypnose offre une occasion de diriger et de contrôler la pensée, de choisir ou d'exclure des souvenirs et des idées, et donne ainsi au patient l'occasion de s'occuper individuellement et correctement de toute composante choisie dans son expérience de vie ».

L'expérience traumatique peut ainsi se dérouler comme une narration, qui s'oriente progressivement dans le temps ; le moi adulte peut apporter des ressources et réconforter le moi enfant. Le sujet (grâce aux signaux idéo – moteurs) contrôle toujours la situation, et va à son rythme. Le thérapeute valide chaque perception, chaque expérience intérieure du sujet, comme un témoin attentif, compatissant, sans émettre la moindre hypothèse quant au matériel traumatique.

La distorsion temporelle est très utile pour donner au sujet l'illusion d'allonger les périodes de calme, de relaxation entre les périodes d'abréaction, et pour aller - venir entre passé , présent et futur .

M. Phillips nous explique qu'à ce stade la réassociation et la restructuration cognitive sont essentielles ; il faut souvent identifier et transformer les croyances cognitives erronées et déformées de leur vision du monde. Il faut souvent aussi faire « une réunion de famille » des états du moi, pour qu'une réelle communication s'établisse parfois, construire une ligne du temps, puis identifier les états du moi plus matures pour qu'ils continuent à aider les autres plus affaiblis, plus affectés.

Tout doucement, les expériences traumatisantes sont renégociées et transformées ; le travail avec les états du moi peut s'initier à n'importe quel moment du traitement pour venir en aide, s'interposer, éloigner un danger. Certaines parties du moi vont s'estomper d'elles–mêmes, en s'intégrant dans d'autres ; l'aide essentielle est toujours l'orientation vers le futur, « vers un moment où vous avez complètement résolu cette situation ». Il est important d'amener le sujet vers l'intégration totale des états du moi dans sa personnalité pour éviter tout risque de rechute. Cette intégration est l'expérience du « Je », et, en même temps, la perte d'une ancienne identité (pouvant parfois déclencher quelque tristesse) …

J.G Watkins définit ainsi cette « intégration » : « rendre perméable les frontières entre les différents « alters» ; augmenter la communication et la coopération et renvoyer les différentes sous personnalités au statut d'états du moi « cachés » qui ne peuvent être contactés qu'en hypnose .

On ne peut pas les « fondre » en « unité », car de toutes façons, cela n'est pas l'état d'une « personnalité normale ». Il se crée une co– conscience, un partage de conscience entre tous ces états du moi. « Ils peuvent enfin communiquer entre eux, partager des émotions, coopérer » …

J 'ai retrouvé M. Phillips en 2007 puis en 2008 avec un autre programme de réflexion : « la mindfulness »[9] et « la guérison corps – esprit » ; ce travail est en fait une suite logique, par rapport à la thérapie des états du moi, car par cette pratique , le sujet peut se réassocier à son corps, le (re)découvrir.
Effectivement, ce travail inclue davantage le corps ; il est basé sur la respiration ; le sujet doit sentir ce souffle circuler dans son corps, il va apprendre à l'explorer, à ressentir des sensations. « Nous devons laisser votre corps raconter votre histoire, faire confiance à la sagesse de votre corps, ….le laisser aller là où il veut »…« On va de l'intérieur vers l'extérieur » … M. Phillips installe d'abord avec le sujet   un lieu sûr dans son corps, une zone de confort ; le sujet va venir avec son problème, mais « il n'a pas toujours été ainsi et il faut qu'il apprenne à désapprendre »… « La douleur est comme une vague ; il faut chevaucher la vague du manque, de la douleur, ça monte et ça disparaît ; le corps entier peut devenir cette vague » …

« Le sujet doit trouver son tempo ;   chaque respiration provoque un mini – changement, une modification des sensations que M. Phillips accompagne, guide, vers une distanciation. Le sujet délimite souvent sa zone d'inconfort, et M. Phillips va lui apprendre en état hypnotique, à passer d'une zone à l'autre ; la zone de confort, de bien- être, va venir «alimenter», ressourcer   cette zone d'inconfort, parfois par de légers tapotements, un balancement de la main ….

« La respiration nous donne un point d'entrée naturel ; le temps ralentit, le sujet découvre de lui – même ses propres changements»…Le thérapeute est un observateur plein de compassion, qui accepte ce qui se présente, et qui apprend à être dans le respect et le rythme du sujet.

---

[9] « la pleine présence » pour soi

L'important est d'enseigner cette « mindfulness » à nos patients ; ils peuvent développer cette « pleine présence » pour eux, être à l'écoute d'eux- mêmes, apprendre à rester en présence avec eux – mêmes, connectés aussi, de ce fait, aux autres et au monde.

C'est une thérapie de l'acceptation, de l'engagement, car le but est d'accepter toutes les parties de nous – mêmes, même les plus difficiles à aimer. Ainsi, le « mindfulness » peut se résumer en trois points , que l'on peut vivre en auto – hypnose :

A) accepter nos réactions, être présent.
C) choisir une direction valable
T) agir, « take action »

Il suffit d'apporter une attention particulière, à dessein, dans le moment présent et sans jugement. Dans toute cette démarche, M. Phillips n'a jamais dit soigner particulièrement la psychose.., mais, comme elle me l'a dit : « cela m'est arrivé, bien sûr, car les frontières sont tellement fines » …

C) *Les écrits et le travail de Teresa Robles*

J'ai commencé à être très attentive aux écrits de Th. Robles, en lisant ses écrits sur les patients psychotiques (rédigés en 1998), et j'ai été rapidement captivée par l'originalité de sa posture. En effet, Th. Robles va situer le problème du patient psychotique, au sein de sa famille, et va donc l'étudier du point de vue de la théorie de communication et de la théorie systémique. Th. Robles fait donc référence à P. Watzlawick, M. Andolfi, et M. Selvini Palazzoli …

La famille du schizophrène est décrite comme repliée sur elle –même   (le monde extérieur est vécu comme hostile), chargée de secrets, de non – dits ; donc, le sujet est « une personne fragile, mis à part » …Mais en même temps, totalement dépendant de cette structure familiale. Leurs membres n'apprennent pas à définir une relation ; leur modèle de communication est le double lien, et ils sont tous en demande d'une reconnaissance inexistante. Ils cohabitent tous, dans la solitude et la méfiance … Th. Robles définit ainsi *trois nœuds*, « que notre société occidentale tend à provoquer » :

-- Nous apprenons à voir le monde en *« paires opposées »* (ex : bon / mauvais) On a tendance à se diriger toujours vers un idéal que l'on confond avec la réalité.

On oppose, on divise aussi :

Raison -- émotion,

 Esprit   -- corps

Le corps est nié ….

Nous apprenons à vivre d'après des modèles qui indiquent ce qui *doit être, au lieu d'être* , tout simplement …..

On est devant une alternative   :

ou bien nous sommes, avec nos désirs et nos émotions, ou bien, on est ce qui doit être, et nous cessons de nous reconnaître. Nous nous déprimons et développons différentes pathologies et maladies psycho somatique (la maladie psychosomatique a été appelée « la folie dans le corps »).

Aujourd'hui, nous vivons aussi dans « la culture de la souffrance » (cf . J. Abia) On nous éduque pour souffrir …Les émotions sont négatives , sans valeur ; seules ont de la valeur les idées en accord avec le   *« devoir être »*, l'effort, le sacrifice. Comment savoir si le *« devoir être »* coïncide ou non avec *« l'être »* au – dedans de chacun ?...Heureusement, nous avons tous notre grande réserve de ressources internes pour résoudre n'importe quelle difficulté que la vie nous présente .

M. Erickson nous enseigne que ces ressources -- nos expériences de vie -, se trouveraient dans notre inconscient et Th. Robles aime à considérer que cet inconscient est notre « partie sage ». Pour traiter ce sujet psychotique, au sein de sa famille, Th. Robles a élaboré un protocole, dont l'objectif est de passer du « je dois être » au « je suis ».

Th. Robles pose comme hypothèse que *ces sujets peuvent cesser de manifester leur maladie si* :

1) Avec eux, on va à l'encontre des apprentissages sociaux transmis à travers la famille et

2) Si nous aidons les sujets à résoudre les conflits internes (produits de ces apprentissages), qui les ont amenés à nier le « *devoir être* » (Identifié au monde objectif), *pour essayer d'être* .

« Etant donné que ces apprentissages sont devenus internes d'une manière inconsciente, nous considérons que l'hypnose est l'outil le plus adéquat pour les transformer ».Th. Robles, au sein de son équipe, organise différentes réunions de travail avec le patient. Il y a des séances de groupe, régulières, d'une heure et demie trois fois par semaine, des séances avec tous les membres de la famille (si possible car le but est de les intégrer le plus possible …). Le premier thème qui leur est proposé est « comment a commencé la folie » ? (dans l'imaginaire de cette famille) …Ces séances avec la famille ont lieu deux fois par mois, et Th. Robles travaille en hypnose, de manière indirecte et selon un schéma référentiel systémique.

Des séances individuelles sont aussi proposées, un peu à la demande. La structure thérapeutique est un modèle intensif en 3 étapes :

1) Après l'évaluation psychiatrique, il y aura des séances structurées en groupe, comportant des « *verbalisations* » à partir du « je suis » pour :

- la reconnaissance du sujet
- une définition de la relation
- le renforcement de l'identité

Des séances d'hypnose individuelles ou en famille.

Des séances de réflexion pour un recadrage systémique avec la famille.

2) Le sujet et sa famille s'intègrent dans l'institution, et travaillent aux activités, continuent les séances d'hypnose, s'organisent comme un groupe pour « réaliser les rêves de chacun ».

3) Le sujet commence à travailler à l'extérieur, à avoir une indépendance économique en gardant un contact avec l'institution. Ainsi, ce qui transparaît dans les écrits de Th. Robles, est que ce sujet se trouve très entouré, inséré dans un groupe de soins très à l'écoute, proposant de nombreuses activités, toutes centrées sur un objectif : lui restituer son identité.

Ce nouveau groupe lui permet de commencer à communiquer avec d'autres, en dehors de sa famille, de découvrir une autre façon d'être. Cette micro société lui permet d'accéder à la reconnaissance, à l'accepter.

Les membres de la famille vivent la même expérience, en étant comme « dilués » dans l'équipe soignante et, au fil des séances, chacun retrouve une vraie place au sein de la famille.

Th. Robles m'a beaucoup aidée également (en assistant ensuite à une formation) à intégrer certaines techniques, et surtout à percevoir la façon de les allier, de les utiliser ; car elle est très généreuse et son but est de nous faire partager toutes ses découvertes …Th. Robles -- comme M. Phillips – m'a aussi donné «la permission » d'utiliser l'hypnose avec des patients « borderline », ou souffrant de troubles psychotiques, « en prenant toutes les précautions » …

« D'après mon expérience, la reconstruction et l'intégration internes obtenues grâce à l'hypnose, parfois dans un temps relativement court (quelques mois), ne sont obtenues qu'après des années avec d'autres types de traitement ».

Th. Robles raconte, ainsi, le cas d'une patiente « borderline », qu'elle traite en hypnose :

« Quand elle est entrée en transe, elle a d'abord senti que son corps se démembrait : son pied droit s'est séparé d'elle, les doigts de ses mains sont tombés, ou se sont détachés … Dés qu'elle a commencé à décrire ce qui se passait, je lui ai suggéré qu'il était nécessaire que toutes ses parties se détachent, pour pouvoir ensuite, prendre la place exacte qui leur correspondait ….. A ce moment – là, elle s'est calmée.

« Ma suggestion lui donnait la certitude que tout était sous contrôle, et elle dirigeait également le processus vers la reconstruction et l'intégration de l'individu…. Il était important de construire une réalité selon laquelle toute chose qui se produit est une étape vers le changement désiré … Ainsi, le processus thérapeutique est « protégé », on se maintient sur le chemin, on garde la direction   ; toutes les parties de son corps se sont détachées… , en suggérant toujours que c'était un premier pas vers l'intégration, …puis , je lui ai dit d'observer *comment le rythme de sa respiration* allait   intégrer toutes les parties de son corps en les mettant exactement à la bonne place … Je lui ai aussi suggéré d'observer avec ses yeux, son toucher, de sentir comme sa peau recouvrait tout ce qui était « elle » … Elle pouvait différencier, enfin, le « moi » et le « non – moi » …

Il m'a paru important d'introduire ces quelques lignes de Th. Robles par rapport à cette patiente, car nous devinons ainsi rapidement la ligne directrice qui conduit sa pensée thérapeutique. Permettre   ainsi à cette jeune femme de se sentir « désintégrée », -- en toute sécurité – pendant un moment, lui a permis de défaire tous les « nœuds » qui la paralysaient depuis de nombreuses années ; elle pouvait ensuite se reconstruire, et grandir dans une réalité où elle avait sa place.

La respiration est un outil et une belle métaphore de changement, que Th. Robles utilise avec beaucoup de doigté, beaucoup d'adresse. Pour M. Phillips, la respiration est aussi au centre de sa technique, du « mindfulness », mais l'utilisation en est différente ; M. Phillips va demander au sujet simplement de respirer et attendre ensuite le changement... Pour Th. Robles la respiration elle – même devient une superbe suggestion , *le moteur du changement* : « observez comme votre respiration est déjà en train de transformer automatiquement toute la force qui avant produisait ce problème en énergie de vie et de santé »... « Votre respiration est en train de nettoyer votre histoire de tout ce qui vous a rendu malade » ...En demandant au sujet de sentir comment l'air passe dons ses narines, circule dans son corps, on le place en position d'observateur de lui-même, donc en dissociation, ce qui renforce la transe, tout en ayant le contrôle du processus.

L'introduction de la couleur est aussi une métaphore merveilleuse utilisée souvent par T. Robles, (et aussi par E. Rossi) ; une belle couleur choisie, intégrée par le patient peut nourrir, aider, guérir ...Th. Robles travaille aussi beaucoup avec les états du moi, et il fut passionnant pour moi d'observer comment, avec quelle habilité, elle sut alors manier dissociation et réassociation. Le cas de Sharon[10], réunit ainsi tous ces outils de changement, et fut pour moi d'une grande aide .

---

[10] « concerto pour quatre hémisphères » , chapitre VII .

CHAPITRE   III

CAS   DE   CHLOE

Chloé est une jolie jeune femme de 29 ans, assez grande, brune , aux traits fins très expressifs , aux yeux clairs .

Elle vient me voir en Janvier 2007 pour un problème d'excédent pondéral.

Je vais la suivre pendant deux ans, à raison d'une séance par mois. Chloé habite assez loin, vient en bus, et me dit préférer ainsi des séances « éloignées », car sinon elle sent rapidement « une grande fatigue ».

Une psychose hallucinatoire chronique lui a été diagnostiquée, depuis une dizaine d'années ; elle est bien sûr suivie par un médecin psychiatre proche de son domicile, avec qui je pourrai entretenir des relations positives et constructives   .

Chloé a passé son enfance, jusqu'à 20 ans, dans un hameau de l'Hérault (Arpaillargues), où la tribu familiale vivait dans un grand mas. Les parents étaient vignerons ; grand – mère, oncles, tantes, cousins, partageaient ce grand bâtiment.

Chloé a des souvenirs horribles de toutes ces années ; le père était alcoolique, très violent - autant dans ses propos que physiquement - ; Les parents divorceront quand Chloé aura – à peu prés - 10 ans.

La mère et la grand- mère ont toujours été envers elle très dures, dans la critique, le reproche, sans aucun élan affectueux.

Chloé a été torturée puis abusée par un cousin (Sébastien), de 8 ans son aîné, et ce, à partir de l'âge de 3 ou 4 ans   ….. ligotée, attachée dans la cave pour la taper, la maltraiter quand elle était très jeune, puis ensuite enfermée à double tour dans la chambre de son cousin, quand il s'est agi de sévices sexuelles.

Elle sera également abusée (plus brièvement, dans la durée) par son frère Grégoire, de 4 ans son aîné, à l'âge de 13 ans.

Elle parvient malgré ce, à suivre une scolarité « normale » - malgré ce climat de terreur et toutes les angoisses - ; bien sûr, la concentration au travail était très faible, et la mésestime d'elle – même, très élevée ……

A 20 ans, elle quitte cette « famille », et part pour 8 ans à Munich, où elle fera des études littéraires et ira jusqu'à l'obtention de ses diplômes ; ainsi, aujourd'hui, Chloé est parfaitement bilingue.

Cependant, ces 8 ans en Allemagne ont été très difficiles ; tout était devenu étranger pour elle, presque hostile, car la communication était très complexe, au delà de la langue ; l'autre était vécu comme « dangereux » (de part son histoire , …. et sa pathologie qui se mettait en place) .

Elle était très seule au départ, à Munich ; heureusement, elle se fera rapidement des amies réelles, très fiables, puisqu'elles sont encore présentes pour elle aujourd'hui.

C'est à Munich qu'elle connaîtra la drogue, l'alcool, la boulimie, de nombreuses tentatives de suicide ….. et les premiers séjours en hôpital psychiatrique. Elle sera transférée - toujours en hôpital psychiatrique – dans des hôpitaux parisiens.

Chloé finira, malgré ce, ses études et garde aussi de très beaux souvenirs de cette période de sa vie à Munich ….. un sentiment de liberté, même si c'est en ce lieu que la folie a commencé à l'emprisonner ….

Elle n'a plus jamais revu son père (et ce depuis l'âge de 15 ans) …… Sa mère vit aujourd'hui dans la Drôme ; elle est remariée …… Chloé la voit très rarement, car elle nourrit trop de rancune à son encontre ; quant au cousin et au frère …… elle essaie de les oublier …

Aujourd'hui, elle vit , depuis deux ans , avec un compagnon qui a une situation professionnelle stable ; elle ne lui a jamais rien confié de son histoire , car « lui – même paraît perturbé , et alors , il se tourne volontiers vers la bouteille …… »

Aujourd'hui, Chloé ne travaille pas , étant trop fragilisée par son état , mais elle souhaite trouver un mi – temps pour améliorer sa situation financière .

Avant de venir à sa première séance ,elle s'était renseignée – par internet – sur mes techniques thérapeutiques (EMDR, hypnose , ….) , les acceptait d'ores et déjà , et était particulièrement motivée pour travailler sur elle , et changer …..   Un gros atout pour la perspective de notre travail …

Malgré les séances très espacées, Chloé changera vite ; elle va rapidement adopter l'auto – hypnose, écrire, chanter, inventer chez elle des techniques pour se libérer …. (Par exemple, installer des cartons d'emballage et les lacérer de coups de couteau ….. tout en pensant à ce cousin, bien sûr …). Elle va m'envoyer régulièrement de longs e-mails pour se raconter, et préparer la séance à venir.

Ainsi, dés le départ, elle définira ses objectifs ;   Chloé désire refaire tout son parcours, repartir dans l'enfance, «pour tout cautériser, cicatriser, … jusqu'à aujourd'hui où j'ai encore beaucoup de difficultés …différentes heureusement »….

L'une des difficultés de Chloé, ce sont *ses « voix »*, avec lesquelles elle cohabite depuis longtemps ; elles sont souvent agressives, menaçantes ; elles lui donnent souvent des ordres et participent à construire pour Chloé, un univers mythique , irréel , qu'elle ne peut partager avec quiconque   … Ce sont essentiellement des voix masculines ; si une voix féminine intervient , c'est un double de Chloé ou « l'écho » de sa mère …

Le travail en hypnose sera présent durant tout son parcours thérapeutique.

Pendant les six premiers mois , où l'on évoquera sa petite enfance particulièrement traumatique , j'utiliserai la technique EMDR , en début de séance, et terminerai toujours en hypnose , ceci pour installer toutes ses ressources , son lieu sûr (dans sa chambre d'étudiante à Munich , sous la couette , prés de son chat et du rire de ses amies) .

En utilisant cette technique du EMDR, j'avais d'emblée décidé, (m'écartant ainsi du protocole tout à fait défini par ses enseignants), de ne jamais reprendre ni faire écho à son vécu traumatique.

J'avais choisi délibérément cette cognition assez floue de « l'insécurité », et lorsque Chloé se heurtait à des vécus trop violents, je lui opposais des souvenirs positifs qu'elle m'avait contés … (par exemple, « une petite fille »qui avait aussi envie de vivre, de rire, qui pouvait être « pétillante » , et danser quand une vieille tante jouait du piano …) .

Cette modification technique du protocole EMDR m'a paru nécessaire pour une double raison :

1)   La fragilité de la patiente (cf. la symptomatologie délirante)

2)   La facilité avec laquelle elle exprimait et revivait sans aucune inhibition ses séquences traumatiques, avec le danger de s'y noyer ou de s'y complaire .

De ce fait, il était nécessaire de canaliser les émotions sans y faire écho.

Les premières séances sont très difficiles ; on avance très lentement …elles soulèvent beaucoup de souffrance …. Chloé est envahie par ses émotions …

Ce sont des souvenirs d'une petite fille entre 3 et 5 ans, « qui fut traitée comme un être sans émotion, sans réflexion, sans vie »…., « un objet , un jouet » pour un garçon très pervers , qui dans cette cave va la battre , la torturer …

Il faut du temps pour évacuer toutes ces images, ces terreurs, ces douleurs … Parfois, le souvenir d'un détail, d'une odeur peuvent la tétaniser …

Chloé pleure beaucoup, mais tout doucement il se crée en elle une petite distance par rapport à ce vécu, par rapport à ces images ; les ressources ayant été « installées », on pourra aller rejoindre cette toute petite fille, en hypnose …. « j'ai tellement besoin de câlins …. »

La régression en âge s'opère très rapidement ; dissociée, Chloé l'est malheureusement depuis longtemps ….. Pas besoin d'induction, on peut donc travailler très vite ….

Elle est tellement motivée, et inventive que les images, les stratégies fusent !.... « Elle est dans mes bras, je la protège, … on est toutes les deux sur une terrasse au soleil, on est bien … »

Elle trouvera ainsi souvent, toute seule, le cadre, l'outil qui va l'aider à un moment précis …

Entre les séances, elle reprendra ces bons moments en auto – hypnose, sur mes suggestions post – hypnotiques, pour bien les « ancrer »..

La culpabilité est évidemment, en même temps, très présente … Pourquoi n'a-t-elle pas hurlé, puis tout dit, tout raconté à ses parents ?... Il est sûr que Sébastien la menaçait de tous les maux, si elle avait voulu parler …

Les voix sont là depuis longtemps pour lui faire des reproches, pour la juger …

J'explique à Chloé le phénomène d'emprise, mis en place par ce garçon qui a su littéralement la pétrifier dans la terreur.

Durant des premiers mois, en EMDR, la cognition négative à traiter est toujours la même, bien sûr : un profond sentiment d'insécurité.

En utilisant cette technique, mon objectif était fort simple et limité : parvenir – même légèrement – à distancer cette souffrance, ce vécu ; mon baromètre était ses « voix ».

Au départ, elles étaient très agressives … « j'entends une voix plutôt âgée qui me dit que je suis sale et laide, elle est là, à gauche, et devant moi, c'est une voix plus jeune, féminine, qui dit : je te déteste … elle me reproche de ne pas l'avoir protégée » …

Ces voix se modifient très lentement ; cependant, assez rapidement, elles ne seront plus extérieures, mais « dans sa tête », et toujours aussi agressives, dans le jugement et le reproche.

« Je dois répondre aux voix, et je ne peux m'en empêcher, car sinon elles se fâchent …elles sont plus fortes et plus importantes quand je suis fatiguée, ou quand je fais face au stress ; elles participent à mes pensées, elles interviennent et, elles me parlent …aujourd'hui, je n'ai plus d'hallucinations visuelles et tactiles !..... »

« Je pense souvent que ces voix sont « spirituelles », viennent de l'au – delà ; cette pensée me submerge parfois et je perds contrôle, je perds ma logique … je me sens exaltée d'avoir ce don, mais très passive en même temps, puisque tout se passe dans ma tête … »

Je n'aurai pas de réponse, par rapport à ces croyances surnaturelles, faisant confiance au temps et à son propre jugement, pour voir évoluer ces idées délirantes.

Ces six séances de EMDR se sont succédées, très difficiles, mais en même temps réclamées par Chloé : « Je peux ainsi *dire* tout ce que j'ai pu ressentir, voir, sentir …, car toutes ces images me hantent, ces sensations, ces sons, ces odeurs … »

« L'instant de reconstruction »par le verbe de ces jeunes années a été vraiment nécessaire et attendu par Chloé comme « une récompense »…Le terme est étrange, mais elle l'explique comme étant un apaisement, par rapport à sa confusion et son extrême culpabilité.

Au bout de ces six séances, Chloé était plus calme ; ces vécus traumatiques de la toute petite fille (dans la cave), distancés : « je ne vois plus tout ça, mais mon corps me fait mal ... je ne suis plus dans l'agressivité, mais dans le chagrin et je voudrais accueillir ces gros sanglots ... »

A la séance suivante, je propose donc à Chloé de ne travailler qu'en hypnose et je lui explique la technique des Etats du Moi.

On se place devant un grand tableau blanc ; Chloé participe avec enthousiasme, et nous dessinons le tableau suivant : six « ego states », qui représentent son parcours, ses différentes étapes, ses différentes facettes pour l'instant :

---« Une petite *Chloé triste*, très fragile   : entre 3 et 6 ans.

--- *Chloé maltraitée*, seule et très malheureuse : entre 7 et 11ans.

--- *Chloé dégoûtée* : de 12 à 16 ans

--- *Chloé courageuse*, intègre, digne, combattante contre la maladie, de 17 à 25 ans.

--- *Chloé guerrière*, furieuse, justicière; elle a une armure, et une grande épée, de 26 à 29 ans.

--- *Chloé puissante*, elle veut vivre ; elle aime toutes les Chloé : elle a aussi de 26 à 29 ans. »

Chloé décrit d'une façon très prolixe les différentes parties de son moi , en faisant une anamnèse détaillée ; nous nous trouvons ainsi , devant un travail de thérapie familiale , où il va falloir intégrer toutes ces parties , et les faire coopérer , en développant l'alliance thérapeutique de chaque état du moi (en sachant bien sûr que ces états du moi sont adaptatifs , peuvent se subdiviser , laisser place à un autre « ego state ») .

Je ne désirais plus, en hypnose, amener Chloé vers ses expériences traumatisantes du passé ; nous avions déjà traité ceci avec l'EMDR,... A présent le but était de soigner, cicatriser et d'installer en elle, enfin, une sécurité.

61

D'elle même, Chloé avait trois états du moi « ressources » : Chloé *courageuse, Chloé guerrière, et Chloé puissante* … « cette dernière est celle que je veux devenir ; elle les représentera toutes, elle aura toute la mémoire de mes souffrances, mais seulement … elle sera forte et regardera vers le futur … »

La progression doit souvent faire face à des soubresauts inattendus, qui nous ramènent aussi en arrière ; comme ainsi les changements de traitement par le médecin psychiatre. Dans ce cas précis, « l'haldol » est arrêté pour faire place au « solian », (le but de ce médecin étant d'alléger le traitement , pour permettre à notre travail thérapeutique d'avancer) , mais Chloé a toujours besoin d'un temps d'adaptation , qui se traduit par une grande fatigue et aussi une recrudescence des voix …

Malgré ce, Chloé est toujours ponctuelle à ses rendez – vous ; elle me dit qu'ils rythment actuellement son existence, et sont devenus comme « des bornes sur sa nouvelle route ».

Elle n'est pas du tout impatiente, car elle sait qu'il lui faut du temps pour accepter même les plus petits changements.

Ce jour – là où Chloé arrive très fatiguée , elle me dit cependant sa joie d'avoir éprouvé une envie toute nouvelle , jamais ressentie jusqu'alors : celle de sortir se promener dans la campagne , tout prés de chez elle , d'observer les arbres , les fleurs ,d'avoir envie de les dessiner , découvrir ou retrouver des odeurs , des couleurs , des lumières , et … se sentir plus calme .

J'ai évidemment profité de ce propos si positif, pour « l'exploiter hypnotiquement » , et lui permettre d'intégrer ces données , retrouver ces énergies et .. ce calme , malgré les voix qui ce jour – là étaient bien sûr spécialement actives … « elles ne sont pas agressives , mais très fortes , toujours dans ma tête , elles me rendent confuse , je ne peux réfléchir … je ne sais plus qui je suis … aujourd'hui j'en entends quatre … ce sont des hommes ; celui qui est à ma droite est très en colère , il crie , me dit que je suis un monstre , une vilaine fille … les trois autres sont moins fortes , plus aimables , comme des anges gardiens … la petite fille est terrorisée par ces voix , *elle* ne les veut plus …. *Je* suis fatiguée, parce que je ne dors pas quand je les entends ainsi, et parfois, en plus des voix, la nuit, je ressens dans mon cerveau des éclairs, des craquements, … une grande violence …. »

Dans ce cas précis, j'avais remarqué qu'il était très efficace de travailler directement sur ces voix ; Chloé savait me dire le nom, l'âge, les désirs de cette voix «en haut à gauche », et, de celle – ci « en bas à droite »…

Elle parvient tout doucement à en modifier la tonalité, l'intensité, la distance …, en respirant profondément, en se sentant plus calme ; je lui proposai aussi de garder dans sa main un boitier, avec lequel elle pourrait ajuster ces données plus finement.

Chloé arrive plus apaisée aux séances suivantes ; les voix ne sont plus aussi présentes et quotidiennes ; « elles ne se sont manifestées que deux fois par semaine » …

Son médecin psychiatre lui a conseillé de présenter un dossier à la « cotorep », pour obtenir le travail à mi – temps qu'elle désire, mais elle hésite pour l'instant à consulter cet organisme.

Nous commençons à travailler sur « les états du moi », avec l'objectif de soigner d'abord la toute petite fille ; Chloé la rencontre facilement , pleure beaucoup , quand je lui propose , dans un premier temps de la prendre sur ses genoux pour lui faire un gros câlin , lui dire qu'elles ne seront plus jamais seules toutes les deux …

Puis , elle me dit vouloir « trouver et s'installer avec elle dans un lieu refuge , propre , et rien qu'à elles » ; c'est ainsi que je les amène dans « une petite maison blanche » , qui leur appartient , où elles sont tout à fait en sécurité ; « elle brille comme une petite étoile , sur le flanc d'une colline , à l'intérieur , tout est clair , chaleureux , propre » …

Chloé va pouvoir s'installer avec cette petite fille, qui est « très triste et a très peur … elle fait beaucoup de cauchemars » …

Je leur propose de descendre juste quelques marches , pour atteindre un entresol , dans cette petite maison , là où se trouvent des bains chauds , accueillants , lumineux … Chloé va pouvoir s'occuper de cette petite fille , la laver dans cette eau très douce , et jouer avec elle , rire , s'éclabousser , … Puis , elle pourra l'envelopper dans des linges très doux , la déposer sur la couette de sa chambre pour la soigner , … prendre le temps de lui mettre les pommades , les onguents , les lotions nécessaires sur toutes ses plaies , ses blessures …..

Chloé travaillera beaucoup sur ces aspects, me demandant plus de temps pour soigner, cautériser … Ensuite, elle introduira dans cette petite maison « Chloé courageuse », pour l'aider, et « Chloé guerrière »pour garder, défendre, protéger cette maison.

Chloé aimera beaucoup cette métaphore de la petite maison blanche, la gardera , l'utilisera toute seule en auto – hypnose , (et doit sûrement l'utiliser encore aujourd'hui !) .

On reviendra, dans les séances suivantes, prendre des nouvelles de cette petite fille, jusqu'à ce que Chloé affirme que ses plaies sont enfin cicatrisées. Elle deviendra alors « pétillante », « comme elle rêvait de l'être à l'origine » …

Ensuite , Chloé demande à apporter des soins à cette enfant *maltraitée* (entre 7 et 11 ans) ; elle la retrouve rapidement , se sent victime , (ce qui est déjà positif) , « triste , sale et très fragile » . Chloé retourne d'elle – même dans « la petite maison blanche », et demande à descendre vers les bains, à l'entresol, pour s'occuper de cette jeune adolescente, « très mal dans sa peau ». Je lui propose alors , dans cette eau chaude si agréable , de muer , de changer de peau ; bien sûr , la « vieille peau » sera conservée , mise dans un petit coffre , (placé dans un des murs de cette petite maison) et , à présent , cette jeune enfant peut ressentir le plaisir de cette nouvelle peau , si douce et pure , glisser , en nageant dans l'eau de ce bassin …

Dans cette tâche, Chloé s'est faite assister et seconder par *Chloé courageuse et Chloé puissante* ; « *Chloé guerrière* n'est pas là … sa présence n'est pas indispensable aujourd'hui … »

La petite fille et la jeune adolescente commencent à comprendre qu'« elles ne pouvaient se défendre … elles étaient trop jeunes, ont subi, et *j'ai* une saine colère qui arrive …. L'adolescente se sent en détresse, dans la peur et le dégoût »….

Durant des séances d'hypnose, Chloé est dans une transe profonde et parle aisément ; sa voix se modifie selon les instants, et selon « qui » s'adresse à moi …parfois, j'entends une voix fluette, parfois une voix plus grave … je parviens aisément, au bout de quelques instants, à deviner qui me parle.

--- Chloé : « la petite fille est dans un coin, prés de la cheminée, elle joue, elle sourie.

--- La Thérapeute: « y – a – t'il d'autres personnes aujourd'hui dans la petite maison blanche ?

--- C : Chloé guerrière ne reviendra pas, mais il y a *Chloé courageuse* et *Chloé puissante* ; nous sommes cinq, avec l'adolescente … elle est vraiment mal , désespérée , elle fait souvent des tentatives de suicide … c'est grave ; elle ressent quelque chose de mort en elle .

--- La Thérapeute : qui peux l'aider ? Qu'attend – elle aujourd'hui ?

--- C : elle aussi veut changer de peau … elle est dans le dégoût … elle a été maltraitée par Sébastien, puis par Grégoire … humiliée, honteuse …elle a peur de la vie, et n'a confiance en personne … elle n'aime pas son corps, elle est lourde , pas belle , fragile …

--- La Thérapeute : est – ce qu'elle peut descendre dans les bains ? qui va l'accompagner ?

--- C : *Chloé courageuse* et *Chloé puissante* …

--- La Thérapeute: ok, allez – y

(un instant plus tard …)

--- C : ça va beaucoup mieux, elle nage et rie dans sa nouvelle peau toute lisse , toute douce … Chloé courageuse et Chloé puissante l'encouragent , lui transmettent leur force , leur assurance , leur confiance dans la vie ; de ce fait , sa peau est plus solide , elle se sent protégée …elles lui promettent de toujours veiller sur elle ; elle est beaucoup plus calme , apaisée …

Ces trois « ego states » : la petite fille, la jeune adolescente, l'adolescente, seront très souvent soignées par Chloé ; elle se penchera attentivement, régulièrement sur leurs blessures, et attendra la cicatrisation avec impatience.

Au fil des séances, des Etats du Moi sont spontanément absorbés par d'autres ; ainsi, rapidement, *Chloé courageuse* s'intègre dans *Chloé puissante* : « elle lui offre toutes ses qualités, sa volonté, sa détermination …. Elle est bien élevée, mais rebelle. C'est une battante, elle veut réussir » …

Cette Chloé forte et sereine devient simplement un modèle à atteindre, l'image d'un futur – peut – être – assez proche …

Les ressources de Chloé ont toujours été présentes dans nos séances , car elles son t nombreuses ; le fait incroyable que , malgré son histoire , elle ait trouvé la force et la capacité de réussir à ses diplômes de langues , à l'étranger , d'avoir aussi trouver le courage , un jour , de dire « stop » à ses abuseurs … tous ces faits démontrent une énorme énergie , une grande capacité de survie .

Ainsi, tout doucement, Chloé retrouve son « unité » ; elle n'a pas encore investi cette image d'une *Chloé puissante*, mais elle chemine tout en pensant à son enfance et à son adolescence ; dans la mesure où ces périodes de vie ne l'interpellent plus, que sa culpabilité est apaisée , elle parvient plus aisément à son présent et à son avenir .

Elle m'apporte alors trois nouveaux objectifs de travail :

--- 1) *La relation à sa mère*

--- 2) *Son manque de confiance en elle*

--- 3) *Ses problèmes de couple.*

Le projet est lourd, mais très encourageant : pour la première fois , Chloé se sent suffisamment forte dans son corps , pour penser à ses relations aux autres , et porter un jugement … Je l'en félicite , bien sûr …

C'est à cette époque – là, (en Avril 2009), que son médecin psychiatre m'appelle, pour discuter avec moi de ses projets de traitement ; il est aussi très satisfait de l'évolution de Chloé et pense alors continuer à la traiter avec « l'abilify ». C'est un tournant , où il me demande mon aide ; effectivement , jusqu'à présent , les neuroleptiques (« haldol , puis solian , plus léger ») , provoquaient comme une paralysie de ses affects ;   quitter ce traitement ,(même en douceur) pouvait provoquer un sentiment d'invasion par ses émotions (de plus , inconnues …   Des ressentis tout à fait nouveaux – peut être , presque inquiétants - qu'il fallait gérer , mais c'était une décision importante , excitante , … un beau « challenge » , que j'expliquais à Chloé .

En fait, ce passage « chimique » s'est déroulé très progressivement, et Chloé a senti effectivement, tous ses affects revenir, mais nous avons pu apprendre à les découvrir, sans crainte, …. Il fallait juste les « domestiquer », avant de pouvoir savourer cette nouvelle énergie, cette nouvelle vie qu'elle ressentait en elle.

Les voix se sont estompées depuis quelques temps déjà ; elle en entend parfois une le soir, après une grosse journée de travail …. Car, Chloé a trouvé un emploi, depuis trois mois, dans une association d'aide sociale, où elle est secrétaire à mi – temps ; elle en est ravie.

Chloé ressent une grande colère par rapport à sa mère qui n'a pas su l'aimer et la protéger ; Chloé la vit aujourd'hui comme une étrangère ... « elle représente tout ce que je n'aime pas chez les gens : la soumission, la victimisation, l'intrusion, le banal ... »

Nous travaillons donc en hypnose, dans cette mise à distance (avec la belle métaphore et technique de « la ligne du temps ») ... Chloé peut flotter dans l'espace, le temps, les airs, observer ce qu'elle a vécu, le regarder de plus haut si elle le désire, récolter parfois quelques sourires, puis tout ramener dans le présent et retourner vers le futur .

Deux séances de EMDR seront aussi nécessaires pour éloigner d'elle des croyances négatives, installées par sa mère ... « tu n'es qu'une mauvaise fille,... une fille à problèmes ..., tu ne seras qu'une prostituée ... »

Ces paroles résonnaient dans sa tête, barraient son chemin, polluaient son couple .... Il a fallu un peu de temps pour les supprimer, les anéantir   ; elle a eu besoin de quelques mois de séparation, de ne plus la voir, ni l'entendre ... puis , est venu le temps de la tolérance : « aujourd'hui , je n'attends rien d'elle , je n'ai pas besoin d'elle , je n'attends plus qu'elle soit ma mère ... »

C'est à cette époque que Chloé et son compagnon ont décidé de se marier ; sa mère était présente ; Chloé a vécu ce moment comme très émouvant ... « un engagement et un petit chemin vers l'avenir ... »

Chloé ne s'est jamais senti une femme, mais une fille soumise, un simple objet pour les hommes ; sa mère lui a toujours renvoyé cette image - à laquelle elle – même devait adhérer d'ailleurs - .

En prenant une distance par rapport à sa mère, elle « respire » certes davantage ... mais toute liberté a aussi ses inconvénients ... elle se retrouve face à elle – même, et se pose aujourd'hui la question : qui suis – je ? … une femme mariée, mais qui se sent encore une fille, et qui a tellement peur de n'être pas respectée …

Le mari (à ses dires, bien sûr) paraît intelligent et amoureux de Chloé ; ils ont parfois de grandes conversations et, s'il ne connaît que vaguement la trajectoire de sa femme, elle peut quand même lui confier ses inquiétudes, ses peurs ; elle a pu lui raconter ses problèmes par rapport à sa mère.

Il semble avoir lui-même un passé assez lourd, et un des gros soucis de Chloé est la tendance alcoolique de celui – ci ; chaque weekend … « heureusement , il n'est pas violent , mais ceci me plonge dans la peur , l'insécurité , le rejet , la solitude …. »

--- La Thérapeute: en quoi est-ce un problème ?

--- Chloé : je revis mon enfance ; c'est insupportable.

--- La Thérapeute : qu'est que ce serait un changement pour vous, dans cette relation ?

--- C : en parler avec lui.

--- La Thérapeute : oui …

--- C : pour l'amener à se soigner, à consulter …. Car j'en ai marre …

--- La Thérapeute i : en quoi ce serait différent pour vous ?

--- C : il ferait un effort lui aussi pour notre couple.

--- La Thérapeute : oui, un effort …

--- C : en se soignant, il deviendrait différent..

--- La Thérapeute: différent ?

--- C : il me regarderait, et peut – être que je serais moins triste ... On pourrait parler, sortir, rire ...

--- La Thérapeute : est que cette différence ressemblerait à une solution ?

--- C : oui, ... on va parler ...

Je propose la « question miracle » à Chloé, et termine cette séance en hypnose pour intégrer, amplifier toutes ses ressources et cette vision du futur.

Chloé m'écrit entre les deux séances pour me conter leur discussion, pas très facile, mais positive ; son mari a consulté son médecin généraliste et a pris de « bonnes décisions » ...

Chloé réalise qu'elle a changé de position, par rapport à lui ; elle est active, elle ne subit plus. De ce fait, elle se sent plus grande ... « j'ai une soif de revanche, de vivre ... J'ai de la place en moi ... il me faut construire mon avenir ... Je veux dépasser mon héritage sordide, je suis une survivante de tout ça .... ».

Episodiquement, le problème initial d'excédent pondéral avait été évoqué par moi – même, mais en même temps, je voyais qu'il était dépassé, car Chloé vivait autre chose ... elle avait bien sûr besoin parfois de « quelques petites consolations » .... (surtout le weekend, avant !)

Elle avait analysé, réalisé, compris sa démarche, et, face à ses envies, pouvait à présent choisir de boire un verre d'eau ou sortir, marcher dans la campagne ; cette grande détermination m'avait vraiment surprise.

Entre temps, son mari qui attendait, dans son travail, une mutation de poste plus intéressante, avait reçu son affectation à Bordeaux ...

Donc, la thérapie de Chloé devait se conclure prochainement ... Elle vivait ce départ, ce déménagement, avec un grand optimisme ... une nouvelle vie qui allait démarrer ... elle devinait aussi les difficultés à venir ... elle perdait son mi – temps actuel et savait ne pas en trouver un autre rapidement ... elle perdait aussi les relations amicales, qu'elle avait nouées autour d'elle, pendant des quelques années.

Elle promit de m'écrire, et me dit : « j'ai, avec votre aide, fait tellement de chemin ... je n'ai pas encore l'habitude de moi –même, de ce nouveau moi ; ce n'est pas que mon fond ait changé, c'est tout mon ressenti qui a changé et qui continue à changer, mes perceptions également, ce qu'il y a dans ma tête également ..... J'ose aujourd'hui penser, m'écouter (moi, pas les voix..), et, c'est très bizarre, mais très agréable ... »

Depuis son installation, j'ai reçu quelques e-mails de Chloé ; elle s'adapte à sa nouvelle vie, avec beaucoup de philosophie et ... d'humour ! ..., ce qui m'a fait très plaisir.

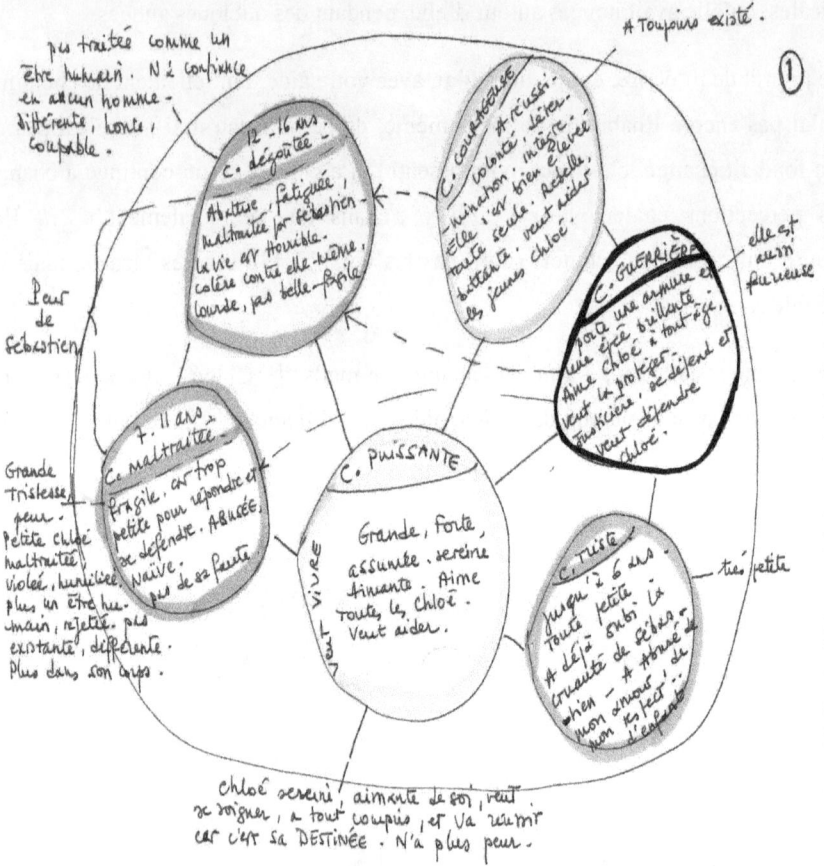

A toujours existé.

①

pas traitée comme un
être humain. N'a confiance
en aucun homme.
différente, honte,
coupable.

C. dégoutée
12 - 16 ans.
Abattue, fatiguée,
maltraitée par Sébastien.
La vie est horrible.
colère contre elle-même.
lourde, pas belle-fragile

C. COURAGEUSE
A réussi.
Volonté, déter-
mination, intègre.
Elle est bien élevée.
toute seule. Rebelle.
battante. veut aider
les jeunes Chloé.

C. GUERRIÈRE
Porte une armure et
une épée brillante.
Aime Chloé à tout âge.
veut la protéger.
Justicière, se défend et
veut défendre
Chloé.

elle est
aussi
furieuse

Peur
de
Sébastien

Grande
tristesse,
peur.
petite chloé
maltraitée,
violée, humiliée.
plus un être hu-
main, rejetée. pas
existante, différente.
Plus dans son corps.

C. maltraitée
7 - 11 ans.
Fragile, car trop
petite pour répondre et
se défendre. ABUSÉE.
Naïve.
pas de sa faute

C. PUISSANTE
Veut vivre
Grande, forte,
assumée, sereine
Aimante. Aime
toutes les Chloé.
Veut aider.

C. triste
Jusqu'à 6 ans.
Toute petite.
A déjà subi la
cruauté de Sébas-
tien. - A horreur de
mon aspect - de
mon respect d'enfant.

très petite

Chloé sereine, aimante de soi, veut
se soigner, a tout compris, et va réussir
car c'est sa DESTINÉE. N'a plus peur.

72

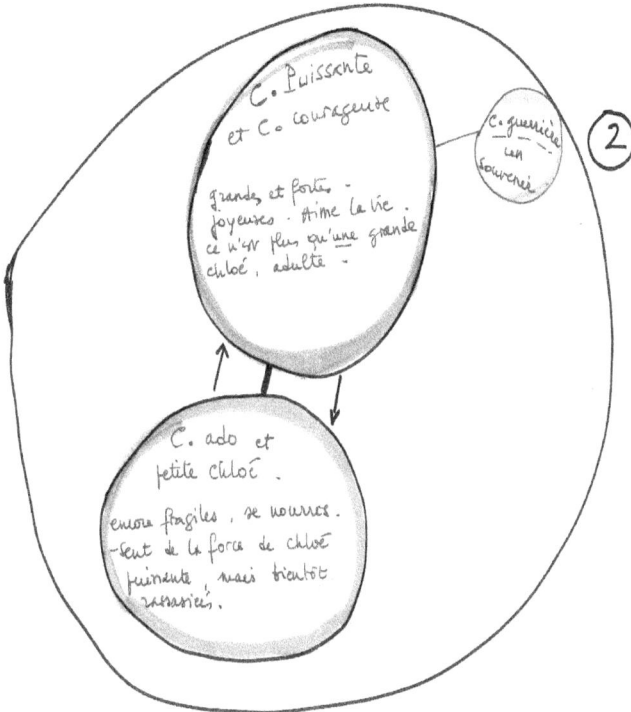

C. Puissante
et C. courageuse

grandes et fortes.
joyeuses. Aime la vie.
ce n'est plus qu'une grande
chloé, adulte.

C. guerrière en souvenir

②

C. ado et
petite chloé.

encore fragiles, se nourries.
-sent de la force de chloé
puissante, mais bientôt
rassasiées.

CONCLUSION

A la fin de ces écrits , je me pose la question de savoir pourquoi j'ai choisi un jour de soigner cette patiente ainsi , par l'hypnose ; il est vrai que l'hypnose est mon outil thérapeutique préféré , mais , en même temps , j'avais lu et entendu de nombreuses réticences et préventions , quant à son utilisation pour des sujets psychotiques , -- de même , d'ailleurs , avec l'EMDR -- .

J'ai toujours eu en mémoire , durant toute la durée de la thérapie , que cette patiente était extrêmement fragile ; j'avançais très doucement … Je ne sais si son enfance très traumatique , puis ses addictions à l'alcool et aux drogues , durant sa vie étudiante , ont favorisé le basculement de sa psyché dans le délire , mais j'ai pensé d'emblée que , si Chloé parvenait à avoir moins de peurs , moins de terreur , elle serait , simplement , mieux .

J'ai choisi, pour la préserver, de ne jamais parler de ses traumas (on travaille sur son sentiment d'insécurité, en EMDR), et de toujours mettre en exergue ses nombreuses ressources.

Un autre questionnement se pose aujourd'hui pour moi. J'ai le sentiment qu'il y a finalement une réelle confusion terminologique entre « la dissociation bleulérienne » (« la spaltung » de l'esprit, le clivage du moi) et la dissociation hypnotique.

F. Roustang a écrit à ce sujet ; il en conclut que « la dissociation n'existe pas dans la pratique de l'hypnose …. Il interroge M. Erickson, par rapport à ce processus de « pensée objective » (repris par E. Rossi) : « cette technique dissociative qui permet au patient, en état d'hypnose, de se dissocier en un observateur qui regarde le moi agir »… « L'observation est donc le moyen de passer du subjectif à l'objectif, de ce que l'on éprouve à ce qui se passe phénoménalement : *l'observation est ici le moteur de la dissociation.*

Il s'agit en réalité d'un abandon du ressenti subjectif, et, lorsque celui – ci est accompli, la patiente ne souffre pas d'avoir perdu une moitié d'elle – même. Elle est libre et indifférente. »

J'avais lu ces réflexions de M. Erickson, reprises aussi par M. Phillips ; cet apport de la « dissociation », crée en hypnose, dans le travail des états du moi, m'a paru très séduisant et d'un grand confort pour le sujet.

Parvenir à être ainsi observateur de ses traumas est un « plus » ; face à un éclatement du moi , à une perte totale d'identité , (où se trouvait Chloé , quand je l'ai rencontrée) , je n'ai pas vraiment eu ce sentiment de la dissocier davantage en travaillant ainsi   ;   cette « carte des états du moi » , était pour elle , comme un repère qu'elle gardait , qu'elle modifiait régulièrement .[11] (Comme si antérieurement, dans cette « spaltung », certes son moi était éclaté, mais dans le désordre, et … la théorie des « ego states » planifiait un peu le « débat » !)

La réunification, l'intégration de tous ces états du moi, est évidemment une étape très importante ; elle s'est faite aisément chez Chloé ; elle s'était d'emblée désignée dans le futur, dans *« Chloé puissante »*, son objectif ….

Il est vrai aussi que cette patiente --- malgré ses lourds handicaps de départ --- était spécialement motivée, cultivée … un atout réel pour nous deux …

Finalement, ce travail m'a permis de développer deux idées personnelles :

--- l'hypnothérapie ne se passe pas simplement « dans la tête », comme tendraient à le penser ceux qui se situent dans une conception dualiste, cartésienne, du sujet ; notre corps est là, présent, tout entier, y compris évidemment notre cerveau et la pensée qu'il génère.

--- Comme l'ont démontré d'autres maîtres, l'hypnose peut être un outil thérapeutique, dans le cadre de certains états psychotiques.

---

[11] Cf les 2 dessins des ego states de Chloé , à la fin de ce chapitre .

BIBLIOGRAPHIE

- ARTIGES . E (and others) : « Altered hemispheric functional dominance during word generation in negative schizophrenia . " (Schizophrenia bulletin 2000a , 26 : 711-723)

- BLEULER Eugène : « Dementia precox ou groupe des schizophrénies » (1993 . G.R.E.C. Editions)

- COJAN Yann (and others) : " The brain under self-control : modulation of inhibitory and monitoring cortical networks during hypnotic paralysis ."("NEURON" 62 , pages 862-875)

- DE SHAZER Steve : " Les mots étaient à l'origine magiques "(1999 .SATAS éditions)

- DE SHAZER Steve & DOLAN yvonne « Au-delà des miracles »(2007 . SATAS éditions)

- DE WAELHENS Alphonse : « La psychose »(1972.PATHEI MATHOS éditions)

- DOIDGE Norman :« Les étonnants pouvoirs de transformation du cerveau »(2008 . BELFOND editions)

- DOLAN Yvonne :« Guérir de l'abus sexuel et revivre » (1996 . SATAS éditions)

- EDGETTE John&Janet :« Manueldesphénomènes hypnotiques en Psychothérapie » .(2001 . SATAS éditions)

- ERICKSON Milton :« L'hypnose thérapeutique . 4 conférences . » (1986 . ESF éditions)

- ERICKSON Milton & ROSSI Ernest«Traité pratique de l'hypnose La suggestion indirecte en hypnose clinique .»ROSSI Sheila (2006 . GAUCHER éditions)

- ERICKSON Milton & ROSSI Ernest : «L'homme de Février» .(2002 . SATAS éditions)

- **Intégrale** des articles de Milton ERICKSON Tomes 1 , 2 , 3 et 4 (1999 . 2000 . 2001 . SATAS éditions)

- EY Henri:Manuel de Psychiatrie .(MASSON & C éditions . 1963)

- FAYMONVILLE Marie-Elizabeth &MAQUET Steven Laureys «Comment l'hypnose agit sur le cerveau .» (La Recherche . 08 / 2009)

- JANETPierre «L'automatisme psychologique »(Société Pierre JANET éditions; Paris 1973)

- JEANNEROD : « Le cerveau intime »(2002 . Odile JACOB éditions)

- MALAREWICZ Jacques Antoine et GODIN Jacques : "Milton ERICKSON" (2005 . E.S.F éditions)

- MICHAUX Didier :« Hypnose et Dissociation Psychique »Recueil d'articles sous la direction de D . MICHAUX (2006 . IMAGO éditions)

- PHILLIPS Maggie et FREDERICK Claire : "Psychothérapie des états dissociatifs" (2001 . SATAS éditions)

- RAINVILLE Pierre : « Le cerveau sous hypnose » .(Edition FORUM du 27/01/2003 . Volume 37 n° 18 . MONTREAL)

- RAMACHANDRAN Vilayanur : « Le cerveau fait de l'esprit ; enquête sur les neurones – miroirs » (2011 . DUNOD éditions)

- RICOEUR Paul : cité par Marc JEANNEROD dans « La Nature de l'Esprit »(Odile JACOB éditions . 2002) (cf page 187)

- ROBLES Teresa : « La magie de nos masques » « Concerto pour 4 hémisphères » (2007 . 2009 . SATAS éditions)

- ROQUES Jacques : « E.M.D.R , une révolution thérapeutique » .(2004 . La méridienne éditions .DESCLEES DE BROUWER)

- ROSEN Sydney : « Ma voix t'accompagnera : Milton Erickson raconte » (1986 . HOMMES et GROUPES éditions)

- ROUSTANG François : « La fin de la plainte » « Savoir attendre pour que la vie change » « Il suffit d'un geste »« Le secret de SOCRATE pour changer la vie » (2000 . 2006 . 2003 . 2009 . Odile JACOB éditions) « Qu'est-ce-que l'hypnose ? » (2003 . Editions de MINUIT)

- SACHS Oliver : « The man who mistook his wife for a hat"(Gerald DUCKWORTH and Co . LTD editions . 1985)

- SHAPIRO Francine &SILK FORREST Margot : « Des yeux pour guérir »(2005 . SEUIL editions)

- TATOSSIAN Arthur :« Le symptôme en psychiatrie »Colloque de Marseille ; (CIBA et GEIGY éditions)12 et 13 janvier 1979

- WATZLAWICK Paul : « Comment réussir à échouer . Le langage du Changement . » (1988 . SEUIL éditions)

- ZEIG Jeffrey : « Un séminaire avec Milton ERICKSON » (1997 . SATAS éditions) « La technique de M . ERICKSON » (« HOMMES et GROUPES » éditions . 1985)

Tables des Matières